EXPERIMENTANDO CON LA VERDAD

EXPERIMENTANDO CON LA VERDAD

Prabhuji

EXPERIMENTANDO CON LA VERDAD
POR PRABHUJI

Primera edición

Impreso en Round Top, Nueva York, Estados Unidos

Publicado por Prabhuji Mission
Sitio: prabhuji.net

Avadhutashram
PO Box 900
Cairo, NY, 12413
USA

Pintura en la tapa por Prabhuji:
«Mitzpé»
Acrílico en lienzo, Nueva York
Tamaño del lienzo: 12" x 16"

Library of Congress Control Number: 2017919677
ISBN-13: 978-1-945894-09-1

ÍNDICE

Introducción		3
Pregunta 1.	¿En qué autoridad basa sus enseñanzas?	9
Pregunta 2.	Quisiera saber a qué se refiere usted con la palabra *libertad*.	17
Pregunta 3.	¿No es la responsabilidad un obstáculo para la libertad?	25
Pregunta 4.	¿Puede la libertad ser mal utilizada?	35
Pregunta 5.	¿Por qué no predica?	43
Pregunta 6.	¿Podría aclararme su posición en relación con la sexualidad?	51
Pregunta 7.	¿Podría explicar algo más acerca de la relación maestro-discípulo?	57
Pregunta 8.	¿Podría decirme cuál es el mayor daño que la religión le ha causado al ser humano?	75
Pregunta 9.	¿Fue su iluminación el resultado de sus prácticas?	81
Pregunta 10.	¿Puede que aceptar a un maestro retrase mi iluminación?	87
Pregunta 11.	¿Quién puede ser considerado un buscador espiritual?	93

Pregunta 12. ¿Podría darme algunos consejos para mejorar mi meditación? 99

Pregunta 13. ¿Qué es la devoción, o *bhakti?* 105

Pregunta 14. Deshacerse de la mente 117

Pregunta 15. ¿A qué se refiere con el condicionamiento humano? 121

Pregunta 16. ¿Qué podemos hacer nosotros para iluminarnos? 127

Pregunta 17. ¿Cómo puedo controlar la mente o al menos aquietarla? 135

Pregunta 18. Ego e individualidad 141

Pregunta 19. ¿Por qué le causa tanta incomodidad ser considerado un gurú? 147

Pregunta 20. ¿Por qué mi mente se resiste a meditar? 151

Pregunta 21. ¿Cómo puedo mejorar mi manera de relacionarme con los demás? 155

Pregunta 22. ¿Puede ayudarme a entender el concepto budista del vacío? 173

Sobre Prabhuji 179

Sobre la Misión Prabhuji 193

Sobre el Avadhutashram 195

El Sendero Retroprogresivo 197

Prabhuji hoy 199

ॐ अज्ञानतिमिरान्धस्य ज्ञानाञ्जनशलाकया ।
चक्षुरुन्मीलितं येन तस्मै श्रीगुरवे नमः ॥

oṁ ajñāna-timirāndhasya
jñānāñjana-śalākayā
cakṣur unmīlitaṁ yena
tasmai śrī-gurave namaḥ

Reverencias a ese santo Gurú que, aplicando el ungüento [medicina] del conocimiento [espiritual], elimina la oscuridad de la ignorancia de los cegados [no iluminados] y les abre los ojos.

Este libro está dedicado, con profundo agradecimiento y eterno respeto, a los santos pies de loto de mis amados maestros Su Divina Gracia Avadhūta Śrī Brahmānanda Bābājī Mahārāja (Guru Mahārāja) y Su Divina Gracia Bhakti-kavi Atulānanda Ācārya Mahārāja (Gurudeva).

Introducción

La historia de mi vida no es más que un largo viaje, desde lo que creía ser, hasta lo que realmente soy... un auténtico peregrinaje, tanto interior como exterior. Es un relato de trascendencia de lo personal y lo universal, de lo parcial y lo total, de lo ilusorio y lo real, de lo aparente y lo verdadero. Mi vida es un vuelo más allá de lo temporal y lo eterno, de la oscuridad y la luz, de lo humano y lo divino. Esta historia no es pública, sino profundamente privada e íntima.

Solo lo que empieza, termina; solo lo que principia, finaliza. Pero quien vive en el presente no nace ni muere, porque lo que carece de comienzo no perece jamás.

Soy discípulo de un veedor, de un ser iluminado y de alguien que es nadie. Fui iniciado en mi infancia espiritual por la luz de la luna. Me inspiré en una gaviota que más que ninguna otra cosa en la vida amaba volar.

Enamorado de lo imposible, atravesé el universo obsesionado por una estrella. Anduve infinitos senderos, siguiendo las huellas de quienes pudieron ver… Cual océano que anhela el agua, busqué mi hogar dentro de mi propia casa.

Soy un simple intermediario que comparte su experiencia con los demás. No soy guía, *coach*, profesor, instructor, educador, psicólogo, iluminador, pedagogo, evangelista, rabino, *posek halajá*, sanador, terapeuta, satsanguista, psíquico, líder, médium, salvador ni gurú. Soy solo un caminante a quien puedes preguntarle sobre la dirección que buscas. Con gusto te señalo un lugar donde todo se calma al llegar... más allá del sol y las estrellas, de tus deseos y anhelos, del tiempo y el espacio, de los conceptos y conclusiones y más allá de todo lo que crees ser o imaginas que serás.

Soy solo un capricho o quizás un chiste del cielo y el único error de mis amados maestros espirituales.

Conscientes del abismo que separa la revelación y nuestras obras, vivimos en un intento frustrado de expresar con fidelidad el misterio del espíritu.

Pinto suspiros, esperanzas, silencios, aspiraciones y melancolías... paisajes interiores y atardeceres del alma. Soy pintor de lo indescriptible, lo inexpresable, lo indefinible e inconfesable de nuestras profundidades... O quizás solo escribo colores y pinto palabras.

Desde la infancia, ventanitas de papel cautivaron mi atención; a través de ellas recorrí lugares, conocí personas e hice amistades. Aquellas *maṇḍalas* diminutas han sido mi verdadera escuela primaria, mi escuela secundaria y mi universidad. Cual avezados maestros, esas *yantras* me han guiado a través de la contemplación, la atención, la concentración, la observación y la meditación.

Al igual que un médico estudia el organismo humano, o un abogado estudia leyes, he dedicado mi vida al estudio de mí mismo. Puedo decir con certeza que sé lo que reside y vive en este corazón.

No es mi intención convencer a nadie de nada. No ofrezco ninguna teología o filosofía, ni predico o enseño, sino que solo pienso en voz alta. El eco de estas palabras puede conducir a ese infinito espacio donde todo es paz, silencio, amor, existencia, consciencia y dicha absoluta.

No me busques a mí. Búscate a ti. No me necesitas a mí ni a nadie, porque lo único que realmente importa eres tú. Lo que anhelas yace en ti, aquí y ahora, como lo que eres.

No soy un mercader de información repetida, ni pretendo hacer negocio con mi espiritualidad. No enseño creencias ni filosofías. Solo hablo de lo que veo y únicamente comparto lo que sé.

Escapa de la fama, porque la verdadera gloria no se basa en la opinión pública, sino en lo que eres en realidad. Lo importante no es lo que otros piensen de ti, sino tu propia apreciación acerca de quién eres.

Elige la dicha en vez del éxito, la vida en lugar de la reputación, la sabiduría por encima de la información. Si tienes éxito, no conocerás solo la admiración, sino también los verdaderos celos. Sin embargo, la envidia es el tributo de la mediocridad al talento y una aceptación abierta de la propia inferioridad.

Te aconsejo volar libremente y jamás temer equivocarte. Aprende el arte de transformar tus errores en lecciones. Jamás culpes a otros de tus faltas: recuerda que asumir la completa responsabilidad de tu vida es un signo de madurez. Volando aprendes que lo importante no es tocar el cielo, sino poseer el valor para desplegar tus alas. Cuanto más alto te eleves, el mundo te parecerá más graciosamente pequeño e insignificante. Caminando, tarde o temprano comprenderás que toda búsqueda comienza y finaliza en ti.

Tu bienqueriente incondicional,
Prabhuji

¿En qué autoridad basa sus enseñanzas?

La autoridad de mis palabras proviene de mí mismo, de lo que soy; no procede de los libros o de otros seres humanos, sino de la experiencia. Puede que lo que diga a veces armonice con tus creencias y que, en otras ocasiones, entre en conflicto con ellas. Mis palabras no precisan pruebas para demostrar su validez, porque solo hablo acerca de lo que ocurre en mí. Mis descripciones no siempre coincidirán con tus Vedas, *Bhagavad-gītās*, Nuevos Testamentos o Coranes. A fin de cuentas, toda autoridad proviene de nosotros mismos. Incluso si aceptamos las palabras de las escrituras como absolutas, somos nosotros quienes le adjudicamos validez a lo que consideramos literatura sagrada.

> הָרוֹצֶה שֶׁיְּקַבֵּל עָלָיו עוֹל מַלְכוּת שָׁמַיִם שְׁלֵמָה יִפָּנֶה, וְיִטּוֹל יָדָיו, וְיַנִּיחַ תְּפִילִּין, וְיִקְרָא קְרִיאַת שְׁמַע, וְיִתְפַּלֵּל, וְזוֹ הִיא מַלְכוּת שָׁמַיִם שְׁלֵמָה.
>
> (תלמוד בבלי, ברכות י"ד, ב'- ט"ו, א')

> El Rabino Yojanan dijo además: «Quien quiera aceptar sobre sí mismo el yugo completo del Cielo debe evacuar, lavarse las manos, ponerse *t'fillin*, recitar el *Sh'ma* y decir sus oraciones. Esta es la aceptación completa del yugo del cielo».
>
> (*Talmud Bavli*, *Brajot*, 14b-15a)

¿Acaso no somos nosotros los que otorgamos supremacía a nuestros papas, sacerdotes, imanes, lamas y gurús? ¿Cómo puede el verso de una escritura decidir si estoy satisfecho o no? ¿Cómo puede alguien externo a mí determinar si estoy cansado? ¿Qué autoridad posee un líder religioso para decretar si estoy enamorado? Somos la única autoridad de nuestro mundo interno.

La religión institucionalizada predica sobre la supremacía de una autoridad externa; de esta manera, desautoriza a los creyentes y les impone la autoridad de sus escrituras y sus profetas. Sin embargo, la aceptación ciega de una autoridad externa destruye toda búsqueda y, por ende, toda posibilidad de hallar, descubrir o revelar. La Verdad no puede ser adquirida a través de un intermediario externo; es muy delicada y siempre se marchita al traspasarla. Para realmente aprender, y no solo acumular conocimiento de segunda mano, es necesario prescindir de toda autoridad exterior. Estás acreditado cuando hablas desde tu propia experiencia; actúas con autenticidad si tus acciones se originan en lo que realmente eres.

La Verdad no fluye a través de un repetidor de palabras o un declamador profesional. Millones de predicadores, instructores y eruditos van por el mundo relatando experiencias ajenas con una ignorancia muy bien documentada. Una persona puede poseer una excelente memoria, pero dicha facultad no lo convierte en una autoridad.

La autoridad absoluta solo pertenece a la Verdad; únicamente las palabras de quien es Verdad son las acreditadas. La realidad puede fluir a través de quien se ha vaciado, como Moisés, Samuel, Baal Shem Tov, el Rabino Nachman de Breslav, Alter Rebbe, Rashi, Buda, Jesús, Lao Tse y Kabir. Al no proceder de una mente, dichos discursos no pueden ser considerados «palabras»; se trata de alocuciones desde el plano trascendental a las palabras.

רַבִּי בָּא בַּר כֹּהֵן בְּשֵׁם רַבִּי יוּדָה בֶּן פָּזִי: תֵּדַע לָךְ שֶׁחֲבִיבִים דִּבְרֵי סוֹפְרִים מִדִּבְרֵי תוֹרָה.
(תלמוד ירושלמי, מסכת ברכות, פרק א׳)

> El rabino Ba, hijo de Cohen, [dijo] en nombre del rabino Yuda, hijo de Pazi: «Debe saber que las palabras de los *Sofrim* ('los sabios', los primeros exponentes de la ley oral) son preferibles a las palabras de la Torá (Biblia)».
>
> (*Talmud Yerushalmi*, *Brajot*, capítulo 1).

Las enseñanzas de Mahoma son autoritativas, no las palabras de los predicadores musulmanes. El mensaje de Baal Shem Tov posee autoridad, no las palabras de predicadores profesionales. Las enseñanzas de Śaṅkara derraman autoridad, no las de los *paṇḍits*. Las palabras de Kṛṣṇa son fidedignas, no las de los misioneros *vaiṣṇavas*. Las enseñanzas de los maestros iluminados poseen autoridad, no las prédicas de los propagandistas religiosos.

Solo quien ha visto la Verdad puede hablar sobre ella. La luz fluye a través de un *tattva-darśin*, o 'un veedor de la Verdad'.

tad-viddhi praṇipātena

paripraśnena sevayā
upadekṣyanti te jñānaṁ
jñāninas tattva-darśinaḥ

Trata de aprender la Verdad acudiendo a un maestro espiritual. Hazle preguntas de un modo sumiso y préstale servicio. Las almas autorrealizadas pueden impartirte conocimiento, porque han visto la Verdad.
(*Bhagavad-gītā*, 4.34)

No me opongo a aceptar a un maestro iluminado, porque la otra opción es entregarse a la mente. El ego de quien no se somete a la autoridad de la Verdad toma inevitablemente el mando. Pero aunque aceptemos a un maestro, somos nosotros quienes le conferimos la autoridad sobre nuestras vidas; si olvidamos esto, lo convertimos en una mera autoridad externa.

יְהוֹשֻׁעַ בֶּן פְּרַחְיָה וְנִתַּאי הָאַרְבֵּלִי קִבְּלוּ מֵהֶם. יְהוֹשֻׁעַ בֶּן פְּרַחְיָה אוֹמֵר, עֲשֵׂה לְךָ רַב, וּקְנֵה לְךָ חָבֵר, וֶהֱוֵי דָן אֶת כָּל הָאָדָם לְכַף זְכוּת.

(פרקי אבות א׳, ו׳)

...Josué, hijo de Peraquía, diría: «Haz para ti un maestro, adquiere un amigo y juzga a cada uno hacia el lado del mérito».
(*Pirkei Avot*, 1.6)

La libertad de decidir proviene siempre de ti. Tal como lo señala Kṛṣṇa:

iti te jñānam ākhyātaṁ
guhyād guhya-taraṁ mayā
vimṛśyaitad aśeṣeṇa
yathecchasi tathā kuru

> Así pues, te he explicado un conocimiento aún más confidencial. Delibera bien acerca de esto, y luego haz lo que desees.
> (*Bhagavad-gītā*, 18.63)

En realidad, al entregarte a un ser realizado, no aceptas el mando de un complejo mente-cuerpo, sino de la Verdad que se expresa en dicho ser. Solo quien ha dejado de ser alguien puede ser maestro. La autoridad de quien ha realizado la autenticidad no es ajena a lo que eres. No puede ser considerada externa porque no proviene de su personalidad, sino de su proximidad a la Verdad.

La Verdad es infecciosa y es posible contagiarse al aproximarnos a un elemento infectado por ella. No puede ser enseñada, pero puede ser transmitida y... ¡la diferencia es inmensa! La enseñanza implica palabras; la transmisión ocurre en el silencio. La enseñanza es de la mente; la transmisión es del corazón. La Verdad no se encuentra en cursos, retiros, conferencias u organizaciones, ni reside en la información acumulada a través de las experiencias ajenas; sin embargo, se puede revelar al reconocer nuestro contenido mental y la consciencia. La revelación de la luz de la Verdad constituye el reconocimiento de nuestra realidad, de nuestra autenticidad.

Es imposible ordenar la Verdad a nuestra casa como si de una *pizza* se tratara. Nada ni nadie pueden traer la realidad hasta nuestra ilusión, sino que debemos elevarnos por nosotros mismos hasta la Verdad. No podemos hacer que la cumbre del Himalaya descienda a nuestro valle. Si deseamos tocar la cima, es imprescindible abandonar el valle y escalar la montaña.

Muchas veces le he oído hablar sobre la libertad. Quisiera saber a qué se refiere usted con la palabra libertad.

La mayoría de las personas cree que la libertad es lograr escapar de las limitaciones que nos imponen las circunstancias de la vida. Confunden la libertad con la superación de la opresión: el preso quiere liberarse de la cárcel; el esclavo, de su amo; el deprimido, de su tristeza; y el enfermo, de sus dolores. Pero la libertad no es lo mismo que la emancipación o liberación, aunque en los diccionarios aparezcan como sinónimos. La emancipación es un liberarse «de algo». Sin embargo, la libertad no consiste en una reacción escapista; no puede depender de nada.

La liberación de la esclavitud nace desde la esclavitud y es, por lo tanto, parte integral de esta. Su existencia depende de la esclavitud y no está exenta de opresión. Lo mismo ocurre con la liberación del hambre o de un dolor de muelas: no es más que un deseo de cambiar una situación intolerable por otra agradable; cambiar condiciones incómodas por otras que me prometen un mayor confort. Se trata de una mera reacción contra aquello de lo cual me quiero liberar; no es una búsqueda de la libertad, sino un escape de determinadas circunstancias. La liberación de la pobreza no está relacionada con la libertad, sino con el dinero. La liberación de la enfermedad no guarda relación alguna con la libertad, sino con los remedios, el dolor y el hospital; y la liberación de la esclavitud, con los grilletes y la celda.

Quienes viven escapando de la libertad por temor a aceptar la responsabilidad que esta implica se conforman con solo imaginar la libertad y culpar a los otros de su opresión. El pueblo de Israel fue liberado del cautiverio al salir de Egipto, pero consumó su libertad en el monte Sinaí, cuando aceptó la responsabilidad que conllevaba la entrega de la Torá.

En su ensayo *Dos ideas de libertad,* Isaiah Berlin propone una distinción entre la libertad negativa y la positiva, ambas claramente reflejadas en la Declaración Universal de los Derechos Humanos. La negativa es «libertad de algo», es decir, la ausencia de obstáculos para la acción. La positiva es «libertad para algo», la posibilidad de elegir las acciones que logren nuestros objetivos.

La idea de libertad de la mayoría de los seres humanos se remite a estas dos clases: negativa y positiva; la libertad de algo y la libertad para hacer algo. La primera está relacionada con el pasado y la segunda, con el futuro. Sin embargo, ambas son solo reacciones psicológicas y meras emancipaciones superficiales; van en busca de nuestras propias proyecciones mentales pero no de la realidad. La libertad real no puede concebirse desde las limitaciones de la mente, sino desde, únicamente, el trascender del contenido mental.

El raciocinio no es más que una respuesta de nuestro condicionamiento, de la acumulación de experiencias en nuestra memoria; de tal manera que el pensamiento está indefectiblemente encadenado a dicho bagaje de experiencias.

No estamos libres de nuestra limitación psicológica. Según Karl Marx, la estructura económica de la sociedad capitalista define nuestra manera de interpretar el mundo. Como víctimas de esta «falsa consciencia de clase», necesariamente interpretamos el mundo desde el ángulo determinado por nuestra clase social. Marx creía que la única manera de deshacerse de las limitaciones de dicha perspectiva y de ser libres era comprendiendo el materialismo dialéctico y adoptando el socialismo, lo cual, por supuesto, es muy discutible. En realidad, la libertad política no existe porque solo adquiere sentido en relación con los otros. Los diferentes movimientos políticos han tratado de imponer su propia concepción de libertad y han terminado convirtiéndose en regímenes totalitarios y opresores.

Somos seres condicionados no solo por el capitalismo, sino por la sociedad, con todo lo que esta implica. Asimismo, es indiscutible que carecemos de la libertad psicológica imprescindible para acceder a la realidad. Las expresiones como «libertad de pensamiento» o «libertad de culto» no son más que estímulos verbales que activan nuestro condicionamiento. Todas nuestras ideas y conceptos acerca de otros seres humanos, el mundo, la vida, y por ende la libertad, provienen de nuestra limitación psicológica. Solo trascendiendo dicho condicionamiento se nos permitirá la percepción objetual de la realidad. Sin una percepción clara, es imposible aspirar a la libertad.

La auténtica libertad posee existencia propia, es independiente de todo y carece de una causa o motivo. La libertad absoluta simplemente **es**. El término *mokṣa* significa en sánscrito 'liberación'. Quien aspira a la liberación es denominado *mumukṣu*; es aquel que anhela la libertad auténtica, aquella que florece desde la consciencia.

La verdadera libertad no es física, mental, económica o sexual. Si nos quedamos completamente solos en el desierto, una maleta con diez millones de dólares no nos ayudará a incrementar nuestra libertad. La auténtica libertad no pertenece a la realidad objetual, temporal y, por ende, ilusoria. La libertad es subjetual y pertenece a la consciencia eterna e infinita. Dado que es una cualidad intrínseca a nuestra realidad, la libertad no nos puede ser arrebatada ni otorgada; es inherente a nuestra verdadera naturaleza. Nada ni nadie externo pueden liberarnos o someternos. En realidad, ni siquiera poseemos la libertad de renunciar a la libertad. Es posible oprimir el cuerpo o la mente, pero la consciencia no puede ser limitada. La meditación es la única oportunidad de reconocer la libertad sin limitaciones de ningún tipo. Solo en las profundidades de nuestro interior, somos libres del cuerpo, la mente, las emociones, y de todo lo que creemos ser. Esto lo señala el Nuevo Testamento (Juan, 8:32): «Y conocerán la Verdad, y la Verdad os hará libres».

Ausencia de libertad significa falta de consciencia. Somos libres en la medida en que somos conscientes. Dicha libertad no es «de algo» ni «para algo», sino que es ser simplemente lo que somos. La libertad consiste en el retorno al estado de consciencia pura original. Nuestra autenticidad es libertad, que es la divina fuente y origen de toda virtud.

Cuando trascendemos lo relativo, se revela lo absoluto; cuando vamos más allá de la falsedad, se desvela la realidad; al trascender lo ilusorio y temporal, se reconoce la Verdad; y al dar un paso más allá del ego, se descubre la libertad. Solo el reconocimiento de la Verdad nos permite trascender las cadenas de la ilusión y saber quiénes realmente somos.

Al referirse a la libertad, usted menciona la responsabilidad, pero... ¿no es la responsabilidad un obstáculo para la libertad?

Para responder a su pregunta, debemos comprender cuatro factores: la libertad, la responsabilidad, el control y la disciplina.

En general, la gente cree que la libertad es la capacidad de hacer lo que les plazca sin limitación de ninguna clase. Creen que la libertad implica poder elegir y tomar decisiones sin restricciones. Sin embargo, dicha idea ignora la responsabilidad que la libertad conlleva. Como dijo el escritor argentino Jorge Bucay: «El verdadero buscador crece y aprende, y descubre que siempre es el principal responsable de lo que sucede». Bucay está en lo cierto: la libertad para tomar decisiones conscientes siempre viene acompañada de la responsabilidad. La libertad es responsabilidad, y viceversa. Fue George Bernard Shaw quien afirmó que: «La libertad supone responsabilidad. Por eso, la mayor parte de los hombres la temen tanto». La responsabilidad consiste en asumir conscientemente las consecuencias de nuestras elecciones.

Debemos entender que una mente condicionada carece de libertad. Quizás sueña con ser libre, pero solo responde desde su condicionamiento. Sin embargo, la libertad no consiste en responder a todas nuestras demandas mentales y emocionales indiscriminadamente. No en vano, Jean-Jacques Rousseau dijo: «El hombre ha nacido libre, y en todas partes se halla entre cadenas». Mientras nuestras ansias de emancipación nazcan desde la opresión, no buscaremos liberarnos, sino escapar de las ataduras. A menudo pensamos que si el elemento opresivo desaparece, seremos libres. Por lo tanto, nuestra atención se centra en las cadenas, en aquello de lo cual deseamos liberarnos, y no en la libertad en sí.

Ahora, debemos comprender qué es la responsabilidad; muchos la vinculan con el deber: nos consideramos personas responsables si logramos cumplir con nuestras obligaciones con diligencia; asimismo, si fracasamos, nos asignamos los resultados. Esta idea es incompleta y superficial. El significado más profundo del término *responsabilidad*, que proviene del latín *responsum*, es la capacidad de responder. Si vivimos como sonámbulos, no podemos responder con propiedad.

Responsabilidad significa responder apropiadamente a los acontecimientos de la vida con toda nuestra capacidad. Si fuéramos responsables, no necesitaríamos leyes, juzgados ni policías. Sin embargo, como la sociedad está compuesta de personas inmaduras, los gobiernos deben recurrir al control para mantener el orden. Un nivel más elevado de consciencia nos permitiría responder como es debido a la vida y hacer del mundo un paraíso.

Cada momento y cada situación constituye una llamada y requiere una respuesta que satisfaga las demandas de la vida. Lamentablemente, muchas de dichas invitaciones quedan sin responder porque no estamos presentes. Debido a nuestros condicionamientos, nos estancamos en las nostalgias del pasado o las esperanzas del futuro. Nos ausentamos del presente y de la realidad. Sufrimos por no poder responder de manera adecuada a las invitaciones de la vida. Nadie en el universo puede responder como solo nosotros lo haríamos. Pero para responder en nuestro propio estilo, debemos trascender el condicionamiento y recuperar la facultad de oír.

El término sánscrito *śravaṇa* significa 'escuchar'. Escuchar con precisión requiere silencio, pues es imposible hablar y, a la vez, captar lo que nuestro interlocutor expresa. Conforme se intensifica el silencio, se agudiza la atención. La quietud interior que requiere el *śravaṇa* no es ausencia de ruido, sino de ideas preconcebidas, conceptos, conclusiones y vacilaciones mentales. Sin duda, el primer peldaño en el sendero retroprogresivo corresponde al cultivo de la receptividad. Cultiva el escuchar: cuando tengas una duda relacionada con tu salud, escucha tu cuerpo; cuando vaciles sobre la dirección que debes tomar en la vida, escucha con cuidado la existencia en lo profundo de tu corazón. Quien cultiva el arte de escuchar alerta y receptivamente encuentra el silencio y la paz. Solo si estamos presentes de manera consciente en el ahora, la facultad de responder florecerá en nosotros. La responsabilidad interior nace desde nuestra sintonía con el presente. Responder de manera apropiada requiere estar a tono con el ahora.

La responsabilidad es disciplina. Al aprender algo respondemos, y respondiendo, aprendemos. Para poder montar en bicicleta, por ejemplo, debemos aprender a responder. Si la bicicleta se inclina hacia la izquierda, nosotros nos reclinamos hacia la derecha, y viceversa. Con mucha atención, observación y presencia, respondemos a las diferentes situaciones que el proceso requiere. Resulta imposible separar la responsabilidad del aprendizaje. La responsabilidad es disciplina, el responder es aprender.

Cuando notamos nuestras propias inclinaciones inaceptables, indeseables o indecentes, a menudo tratamos de reprimirlas ejerciendo el control. Sin embargo, esta resistencia sigue siendo una evaluación egoísta para nuestra conveniencia personal. Incluso nuestra ambición de libertad cae dentro de la misma categoría. El ego estará controlado, pero seguirá siendo un ego al fin y al cabo. Pero dicho control, o disciplina mal entendida, no nos ayuda a eliminar nuestras inclinaciones, sino solo a reprimirlas. El control represivo nos endurece y crea conflicto entre «lo que soy» y «lo que debería ser», entre «lo que veo» y «lo que debería ver». Al ocultar nuestro conflicto interior, nos atrofiamos y perdemos agilidad. Aunque reprimidas y cohibidas, esas inclinaciones indeseables continúan vivas moviéndose en nuestro interior.

> Todavía no eres libre, todavía buscas la libertad. Tu búsqueda te ha vuelto insomne y te ha desvelado demasiado. Quieres subir a la altura libre, tu alma tiene sed de estrellas. Pero también tus malos instintos tienen sed de libertad. Tus perros salvajes quieren libertad; ladran de placer en su cueva cuando tu espíritu se propone abrir todas las prisiones. Para mí eres todavía un prisionero que se imagina la libertad: ¡ay!, el alma de tales prisioneros se torna inteligente, pero también astuta y mala. El liberado del espíritu tiene que purificarse todavía. Muchos restos de cárcel y de moho

quedan aún en él: su ojo tiene que volverse todavía puro.

(*Así habló Zaratustra,* Friedrich Nietzsche)

El control paraliza ciertas inclinaciones y crea hábitos; transforma a los seres vivos en robots y destruye su inteligencia y creatividad. El control nos contrae; nos empuja a realizar determinadas acciones y ahonda nuestro condicionamiento. Obviamente, la libertad no se adquiere a través del control, porque no podemos ser libres desde el condicionamiento, ya sea este positivo o negativo. Para acceder a la libertad y a la responsabilidad, necesitamos sensibilidad. Esta última no se cultiva a través del control, sino con la disciplina. Por lo tanto, es esencial separar los términos *disciplina* y *control* que, aunque nos suenen similares, son diametralmente diferentes.

La palabra *disciplina* proviene del término latín *discipulus* y esta, a su vez, de *discere* o *disco,* que significa 'quien aprende o presenta una disposición para aprender'. Se suele relacionar disciplina con control, pero ambos son totalmente diferentes. El control consiste en una serie de leyes, reglas y regulaciones, mientras que la disciplina nace de la comprensión y desde la consciencia. Muchos creen que es necesario dominar la naturaleza animal, pero el control es también parte del fenómeno egoico. El control atenta contra nuestra naturaleza, mientras que la disciplina es espontánea y florece desde la consciencia.

Los seres libres, y por ende responsables, no necesitan control porque son conscientes de las necesidades propias y del prójimo. Quien es inconsciente e irresponsable precisa ser controlado porque carece de la sensibilidad para responder a la existencia. Un ser consciente es disciplinado, pero está libre de control; vive despierto como una gaviota que vuela alto en plena libertad sin leyes ni reglas.

Ahora, examinemos la relación entre libertad, disciplina y responsabilidad. La disciplina, en su verdadero sentido, es aprendizaje, pero no en el sentido de acumular conocimiento o información, sino de percibir y observar lo que es, tal como es. Para aprender, es necesario liberarse por completo de toda la información acumulada; de lo contrario, en lugar de observar lo que es, proyectaremos lo conocido sobre el objeto de aprendizaje. No observaremos la realidad, sino lo que percibimos de acuerdo con nuestro condicionamiento. Para aprender, la libertad de percibir y observar es imprescindible. Si queremos estudiarnos a nosotros mismos, debemos liberarnos de toda creencia, concepto o conclusión acerca de lo que somos. Dicho aprendizaje es responsabilidad, porque es la respuesta a la existencia.

La sociedad confunde el control con la disciplina, porque controlando a gente «inconsciente» se mantiene cierto orden. A diferencia de este orden impuesto, la disciplina revela la armonía de la vida. Tratar de controlar los pensamientos no nos ayudará a crear el orden interior. Sin embargo, al observar nuestra actividad mental, la armonía interior puede ser descubierta.

Desde lo conocido, nuestra reacción será siempre mecánica. Solo cuando nos liberamos de todo condicionamiento y respondemos a la llamada de la existencia, actuamos responsablemente. Trascendiendo la memoria, podremos responder de una manera consciente. Ser responsables es ser disciplinados. Un ser irresponsable debe ser motivado o empujado a través del control; solo quien es responsable puede aprender.

No, querido amigo, la responsabilidad no constituye un obstáculo para tu libertad. La responsabilidad y la disciplina están implícitas en la libertad.

Querido Prabhuji, ¿puede la libertad ser mal utilizada?

A diferencia de la esclavitud, la libertad puede ser mal utilizada. Se dice que errar es humano; por ende, toda persona puede utilizar su libertad de manera inadecuada. Por el contrario, es imposible darle un mal uso a la esclavitud. Al preso se le ha coartado toda posibilidad de elección. El esclavo no puede hacer un mal uso de su cautiverio. Cuando se priva de la libertad, se impide la equivocación. La libertad conlleva la posibilidad de elección y, por lo tanto, también la opción de emprender direcciones equivocadas.

Para Aristóteles, el ser humano es una criatura racional, pero su instinto es aún animal. Aunque posee la facultad de razonar, comparte el deseo instintivo con el reino animal. Según Descartes, es la naturaleza la que persigue sus propias metas a través de los animales, que actúan de acuerdo con los dictados de sus instintos. Al igual que en las bestias, gran parte de la conducta humana está motivada por ciertas exigencias instintivas. Debido a que solo los seres humanos tienen acceso a la libertad, son los únicos que pueden usarla incorrectamente; su libertad conlleva responsabilidad moral. Ya lo escribió Jean-Paul Sartre en su famosa obra *El existencialismo es un humanismo:* «El hombre está condenado a ser libre». El filósofo francés se refiere a la libertad como inherente a la condición humana y al ser humano como responsable de su uso. La raza humana es la única especie capaz de ser libre y de mitigar, sublimar y trascender sus deseos.

Para Friedrich Nietzsche, el ser humano no es la meta final, sino solo una fase en el proceso hacia su grandeza; lo humano representa un puente evolutivo entre la bestia y el superhombre.

> El hombre es una cuerda tendida entre la bestia y el superhombre: una cuerda sobre un abismo [...]. La grandeza del hombre está en ser un puente y no una meta: lo que en el hombre se puede amar es que es un tránsito y un ocaso.
>
> (*Así habló Zaratustra,* Friedrich Nietzsche)

Nietzsche tiene razón. A diferencia de los animales, el ser humano no está acabado. La gallina nace como gallina y no puede cambiar su naturaleza; la vida de un animal es un proceso terminado. Por su parte, el ser humano es un fenómeno «en construcción». Consiste en un proceso entre lo bestial y lo divino, entre lo instintivo y lo trascendental. Va desde la inconsciencia hasta la consciencia. Es una cuerda sobre un abismo al cual puede precipitarse si hace un mal uso de su libertad. Puede tocar fondo o alcanzar las divinas alturas; elevarse o degradarse; caer por debajo de la mente o trascenderla.

La particularidad del ser humano es que no nace terminado y programado. Comprender y aceptar esta libertad hace de nuestra vida un desafío destinado a completarnos.

En la Biblia leemos: «Y dijo Dios: "Hagamos al hombre a nuestra imagen, conforme a nuestra semejanza"». (Génesis, 1:26). Pero muchos versículos declaran que Dios es único, por ejemplo: «... Jehová es Dios arriba en el cielo y abajo en la tierra; no hay otro». (Deuteronomio, 4:39). Entonces, ¿cómo un Dios único habla en plural? ¿Con quién habla Dios al decir «hagamos»? ¿Quién participa en la obra creativa?

Si le digo a alguien «bailemos», entenderá que lo invito a ser partícipe activo del baile. Cuando Dios dice «hagamos», sin importar a quien se dirige, queda claro que se refiere a otro participante activo en su creación. En realidad, hablaba con el primer hombre, con Adán. Dios creó a todas las criaturas, pero a diferencia de los animales y el resto de la creación, el hombre no es solo su labor, sino una sociedad entre ambos. Al decir «Hagamos al hombre», está diciéndole a Adán que su creación, en realidad, es nuestra. Aunque nos ha creado, es menester nuestro continuarnos. Al completarnos, estamos tomando parte en la labor divina. El ser humano no es una creación finalizada, sino que es el arquitecto de su propio destino. Su esencia es libertad; negársela es arrebatarle su esencia.

Por supuesto que existe la posibilidad de darle un mal uso a la libertad, porque los humanos podemos equivocarnos. La libertad implica que podemos tomar tanto decisiones correctas como incorrectas, acertadas o erradas. Si no pudiéramos elegir lo desacertado, no seríamos realmente libres. En efecto, descender tienta porque requiere menos esfuerzo y energía que escalar.

La libertad es un desafío que implica responsabilidad. El riesgo de equivocarnos intimida. Por eso, la mayoría opta por poner sus vidas en manos ajenas. Culpamos a los otros por nuestras derrotas y fracasos. Reprochamos a nuestros padres la manera en que nos criaron; y al maestro espiritual le encargamos nuestra iluminación. Por miedo a cometer errores, vivimos de acuerdo con las leyes dictadas por un libro sagrado o un gurú. Renunciamos a nuestra libertad para prevenir tomar decisiones equivocadas. Si no temiéramos aceptar la responsabilidad de nuestras vidas, la sociedad humana estaría plena de iluminados y veríamos a diario a seres como Kṛṣṇa, Jesús y Buda; pero hemos sido amedrentados durante siglos, tanto por los políticos como por los líderes religiosos. Los primeros nos han asustado con la pobreza, el hambre y las guerras; los últimos, con sus infiernos. El miedo ha sido fomentado con el fin de dominar a las masas, y por eso los seres iluminados escasean. Mahatma Gandhi dijo: «No merece la pena tener libertad si no conlleva la libertad para equivocarse. Supera mi comprensión cómo los seres humanos, por muy experimentados y capaces que lleguen a ser, pueden disfrutar privando a otros seres humanos de ese precioso derecho».

El ser libre puede cometer errores, pero nunca fracasa porque sus fallas siempre le dejan enseñanzas y contribuyen a su desarrollo. Fue Carl Jung quien afirmó: «De este modo, lo último que quisiera decir a cada uno de ustedes, amigos míos, es lo siguiente: realicen su vida de la mejor manera que puedan, incluso si está fundada en el error, pues la vida debe ser consumida, y a menudo se alcanza la verdad a través del error». En lugar de ser derrotas, las equivocaciones son consideradas parte integral de nuestro proceso evolutivo de aprendizaje.

Mi intención no es coartar la libertad de nadie, sino ayudar a comprenderla. Después de entender qué es la libertad, toma tus propias decisiones. No temas equivocarte, porque en el largo proceso de desarrollo, los errores son tan importantes como los aciertos. Lo importante no es evitar los tropiezos, sino entender nuestra lección. En la escuela de la vida, aprendemos tanto de nuestros triunfos como de nuestras derrotas.

Creo que sus enseñanzas podrían beneficiar a mucha gente si fueran difundidas a mayor escala. ¿Por qué no se esfuerza para llegar a más gente? ¿Por qué su organización es tan pequeña? ¿Por qué no trata de ampliarla y expandirse a otros países?

Vivo siguiendo fielmente el dictado de la existencia. No es mi intención predicar ni convencer a nadie para que camine junto a este servidor. Mi amor por las alturas me ha premiado con una vida solitaria en divina compañía. No creo ser un gurú, rabino o maestro, aunque respeto la opinión de quienes me consideran como tal. Acepto tanto la adulación como las críticas, la glorificación como el desprestigio. Me siento más cómodo con los apelativos de comunicador, escritor, o cantante bajo la ducha, que no espera resultado alguno. Continúo con mi obra sin expectativas de que una masa de adeptos y seguidores perpetúen mis palabras. No pretendo eternizarme a través de una ideología o un método. Demasiadas teologías y filosofías han terminado siendo obstáculos en el sendero evolutivo de muchos; comienzan como puentes destinados a unir, pero acaban siendo muros que separan e impiden todo desarrollo.

No soy otro típico «ayudante profesional» que no evoluciona porque está demasiado ocupado reformando a otros. No es mi intención evangelizar porque el papel de predicador o misionero no va conmigo. No me alcanza el ego para adoptar el papel de salvador de la humanidad, ni el estómago para soportar las náuseas que eso me causa, pues nadie ha dañado con tanta crueldad a la humanidad como sus sangrientos salvadores. Nadie le ha infringido tanto dolor y sufrimiento al ser humano como sus libertadores. ¡Dios nos salve de nuestros salvadores!

Todo ser iluminado ha dejado impresas sus huellas al pasar. El eco de dichas pisadas ha sido codificado, interpretado, comentado y, finalmente, presentado como su mensaje a la sociedad. Estos esfuerzos por organizar la Verdad, inevitablemente, disminuyen su frescura y valor nutritivo. Muchas verdades se han arruinado al tratar de institucionalizarlas; las han transformado en credos con los que convencer a los otros. Pero la Verdad no está destinada a institucionalizarse porque pertenece a la esfera de lo individual. La institución impide a las personas develar la Verdad que yace en la intimidad de sí mismos. En el proceso, la experiencia trascendental se convierte en una simple ideología. Aquello que ocurre en la más profunda intimidad de un individuo se transforma en un fenómeno social. Muchos han tratado de institucionalizar la Verdad. Y aunque hayan albergado buenas intenciones, los resultados han sido catastróficos. Los esfuerzos por ampliar sus organizaciones han traído consigo el fenómeno de la «religión institucionalizada», que ha enterrado verdades bajo montañas de interpretaciones, dogmas, reglas, leyes y regulaciones. Dicha Verdad se fue despojando de su espiritualidad, para acabar asemejándose a la política.

Hay quienes prefieren ignorar su propio desarrollo y dedicarse al «beneficio de la humanidad»: enseñan lo que no saben, hablan de lo que no conocen y describen lo que no ven. Cuando la individualidad del ser iluminado se sistematiza, el aprendizaje auténtico se reemplaza por la imitación. La difusión pública y la preservación del sistema pasan a ocupar el lugar central. En el proceso de las prédicas masivas, a gran escala, la visión original se ve afectada. Las enseñanzas de Jesús, Buda, Mahoma, Moisés, Lao Tse y muchos otros han sido transformadas en simples «-ismos». Dichos «-ismos» se asemejan a cadáveres que nos recuerdan que hace mucho alguien respiró, palpitó, bailó y amó; son solo bellas lápidas en recuerdo de gigantes del espíritu que pisaron nuestro suelo.

Se dice que un día caminaban el diablo y su secretario por la calle. Ambos vieron a un hombre detenerse, levantar algo del suelo y metérselo al bolsillo. El secretario preguntó: «¿Qué habrá encontrado ese tipo?», y el diablo contestó: «Encontró un trozo de Verdad». Entonces, el secretario exclamó: «¡Pero eso es muy malo para nosotros!», y el diablo le respondió: «No te preocupes, le dejaré crear una organización».

Cuando una organización se desarrolla, se hacen concesiones en el mensaje original para beneficiar al grupo. La seguridad y el bienestar de la institución adquieren mayor prominencia que los principios sobre los cuales esta se funda. Al primar la entidad, el mensaje inicial se ve relegado a un segundo lugar. Finalmente, toda institución religiosa que se perpetúa a sí misma lo hace a costa de los principios originales. La organización se preserva, pero el mensaje perece. La entrega a una causa espiritual organizada no puede liberarnos. Considero una locura creer que ingresando en una determinada institución estaré a salvo, o que si me adhiero a cierto credo, accederé al paraíso. Dichas organizaciones se transforman en obstáculos para el desarrollo y la evolución del individuo.

Por supuesto, he aceptado una pequeña organización que se ocupe de imprimir mis libros y filmar mis charlas. El propósito de nuestra organización no es espiritual, sino solo práctico; es una institución con fines logísticos que no se esfuerza por atraer adeptos.

Ya es tiempo de que la sociedad madure. Es evidente que la humanidad necesita ayuda, pero no es tarea fácil difundir enseñanzas a gran escala sin distorsionarlas. Por mi parte, no aspiro a ampliar mi organización, sino a comunicarme. Me dirijo al individuo, y no a las masas. La humanidad no necesita más instituciones espirituales, sino más individuos que busquen la Verdad, el amor y la libertad. Precisa seres interesados en el reconocimiento de la consciencia y que estén deseosos de descubrir su propia autenticidad. El mundo está plagado de organizaciones religiosas que veneran el pasado y adoran a seres que experimentaron la divinidad hace cientos y miles de años. Difunden mensajes basados en la experiencia de quienes escucharon de segunda mano lo que le ocurrió a un iluminado y predican con información reciclada. Sin embargo, carecemos de almas que compartan su luz desde el presente. Solo alguien que experimenta el silencio en el ahora puede comunicarse con el individuo de corazón a corazón.

Estoy convencido de que la evolución de la humanidad es individual y no colectiva. Su desarrollo no se producirá con la mediación de organizaciones, sino en y desde los individuos. La raza humana habrá dado un paso importante cuando trascienda la masa y realice la individualidad, que es la expresión más elevada de la inteligencia.

No difundo mi mensaje masivamente porque no creo en la religión como fenómeno social. Para mí, la iluminación pertenece al ámbito individual. Mis libros, respuestas y charlas no son para el colectivo, sino para el individuo. Me expreso como un artista, y no como un predicador. Al misionero le interesan tus respuestas a su prédica; está interesado en ganarte para su ideología. Si logra convencerte de su «-ismo», su labor será un éxito; el resultado de su sermón es lo vital. Como los políticos antes de las elecciones, solo les importa ganar tu voto. Solo quieren que pases de una organización a otra y cambiarte a una nueva prisión. Por su parte, el verdadero artista se centra en sí mismo y se expresa desde su interior; no es calculador, ni le interesa si su obra recibe aplausos o silbidos de desaprobación. Su atención no se centra en los elogios o críticas. A un artista auténtico está absorbido en las melodías y los colores, y no está ocupado con el resultado de sus obras.

Por mi parte, no siento interés por tus reacciones frente a mis palabras. Si estas motivan tu búsqueda de ti mismo, continúa tu senda. En mi comunicación, no existe la más mínima intención de convencer a nadie de nada. No trato de vender una ideología. No trato de manipularte para convertirte a algún «-ismo». Mi intención no es predicar, sino acercarme y cultivar una relación íntima. Para una relación fraternal, lo importante será nuestra comunicación privada, y no pública. Todo intento de prédica nos torna defensivos. Si intentara convencerte de una ideología, arruinaría nuestra comunión porque te cerrarías a mi melodía.

Solo comunico mi visión y tú decidirás qué haces con ella. Si mi canción te inspira y tomas cierta decisión, esta no vendrá por lo que has escuchado, sino por lo que se ha despertado en tu corazón. Entonces, permanecerás completo, entero en ti mismo. Tu decisión no provendrá de una ideología externa o un prédica impuesta, sino de tu propia realidad.

Eres tú quien tiene que abandonar la jaula y volar, no tu organización, colectividad, institución o grupo. Deberás distinguir por ti mismo entre la ilusión y la realidad, porque a lo que verdaderamente eres no se accede a través de tu comunidad religiosa, sino agudizando y purificando tu propio poder discriminativo. No recibirás tu auténtica naturaleza de una iglesia, sinagoga o mezquita, sino mediante tu propia inteligencia. El reconocimiento de lo auténtico puede ocurrir solo en el individuo. Obviamente, no me refiero al individualismo egoico tan promovido en la sociedad mediante sistemas religiosos, políticos y morales. Este individualismo nos domina e impide nuestra evolución.

No me dirijo a mis lectores, seguidores, discípulos, ni a las naciones o los pueblos. Me dirijo a ti que ahora lees estas palabras. Si se produce alguna superación de tu condicionamiento, este ocurrirá en ti porque eres el único que puede trascender el egoísmo mediante tu poder discriminativo. Solo tú puedes cultivarlo a través de la observación de tu mente. Solo tú puedes lograr diferenciar entre la oscuridad y la luz, el día y la noche, el apego y el amor. Solo tú puedes separar lo temporal de lo eterno, lo real de lo aparente, lo que somos y lo que creemos ser. Solo tú debes morir como personalidad para renacer como individualidad.

Le he escuchado decir que usted no considera el sexo como un obstáculo para el desarrollo espiritual. Por otro lado, hay quienes señalan que el sexo es un impedimento para la autorrealización. Muchos senderos recomiendan el celibato o la abstinencia de sexo. ¿Podría aclararme su posición en relación con la sexualidad dentro del proceso espiritual?

La vida es simple, pero se vuelve complicada cuando esta es captada mentalmente. El pensamiento consiste en reacciones, recuerdos, condicionamientos, etcétera. La mente pertenece a la dimensión teorética, que está compuesta por pensamientos, ideas, conceptos, imaginaciones y fantasías; por eso, complica lo sencillo y ve el mundo muy enredado. No se relaciona con lo substancial, sino con el eco de lo esencial que se percibe en la superficie.

Aunque los hechos concretos se reflejan en la mente, no acontecen en ella. No percibimos un árbol, sino solo nuestros pensamientos acerca de este. Estando en la mente, no captamos la realidad, sino nuestras ideas y conclusiones sobre esta. En lugar de vivir, pensamos, imaginamos, soñamos, idealizamos y fantaseamos acerca de la vida.

La mente inventa de manera constante dificultades y luego busca superarlas. Sin embargo, sus remedios solo agravan la enfermedad; las soluciones no pueden nacer de la mente porque ella es el verdadero problema. Por ejemplo, comer no obstaculiza nuestra evolución espiritual, sino que simplemente satisface ciertas necesidades metabólicas; forma parte de un proceso natural para adquirir la energía. Sin embargo, el pensamiento ha transformado una necesidad natural en un medio de recreación, esparcimiento y desahogo y, por ende, en un gran negocio. Pensando acerca de comida, hemos creado la gastronomía, con sus restaurantes, *gourmets* y *chefs*. Esta actitud ha dado nacimiento a desórdenes alimentarios como la bulimia, la anorexia, la glotonería, la obesidad, etcétera. Después de disfrutar de la cena, pensamos: «¡Qué sabrosa!», y este proceso mental genera un recuerdo y un deseo de repetición. La atracción al placer ocurre en la mente. Aunque comer no retrasa nuestra evolución, pensar acerca de manjares y restaurantes lujosos da lugar a deseos que demandan ser satisfechos.

Asimismo, dormir, respirar o tener sexo no son obstáculos para el desarrollo espiritual. Ahora bien, la locura nace cuando estas necesidades naturales pasan a formar parte de nuestra actividad mental. El pensar, recordar y fantasear acerca del sexo ha llevado a la erótica, la prostitución y la pornografía. En nuestras fantasías eróticas, imaginamos a seres bellos y perfectos que no se cansan ni envejecen y nos desean en todo momento apasionadamente. El mundo de los sueños carece de fronteras, pero dado que la realidad es limitada, no todas las fantasías sexuales pueden ser satisfechas. Dichas fantasías nos condenan a una constante insatisfacción, porque es imposible encontrar criaturas perfectas en la realidad. Entonces, para solucionar el problema del sexo, la mente crea métodos como el celibato y la represión. Pero como todas nuestras necesidades naturales, el sexo es parte integral de la vida. Es un acto sano y natural, que se transforma en anormal solo si lo vivimos desde la mente.

Aunque comúnmente se cree que la tradición judeocristiana rechaza la sexualidad, la Torá no requiere el celibato para acercarse a Dios, ni lo considera una señal de santidad. Las leyes judías de la *taharat a mishpacha*, o 'pureza de la familia', no están destinadas a reducir la actividad sexual, sino a evitar que se transforme en una obsesión mental. También el *Bhagavad-gītā* dice que el sexo no se encuentra en conflicto con el *dharma* eterno:

balaṁ balavatāṁ cāhaṁ
kāma-rāga-vivarjitam
dharmāviruddho bhūteṣu
kāmo 'smi bharatarṣabha

> Yo soy la fuerza de los fuertes, desprovista de pasión y deseo. Yo soy la vida sexual que no va en contra de los principios religiosos, ¡oh, señor de los Bhāratas [Arjuna]!
> (*Bhagavad-gītā*, 7.11)

Como acto natural, el sexo no es un obstáculo en el sendero a Dios. Al igual que toda obsesión o demanda mental, el sexo es una molestia en el proceso espiritual solo cuando exageramos su importancia. Pero si reconocemos que se trata de un fenómeno natural, puede manifestarse como amor.

El pensamiento transforma necesidades naturales en objetos de placer. Cuando disfrutamos, nos olvidamos de nosotros mismos como personalidades egoicas. Entonces, la comida y el sexo se vuelven medios para evadir la causa de nuestro sufrimiento y dolor, que es «lo que creemos ser». La mente busca repetir instantes de placer para escaparse de sí misma. Estas reacciones dan nacimiento a deseos que se transforman en anhelos obsesivos.

Cuando experimentamos placer, nos olvidamos del yo por un momento. Pero el ego de inmediato asume el papel del disfrutador y almacena el placer en la memoria. En la iluminación, también el yo se olvida, pero en ese estado ya no existe una personalidad egoica que se sienta disminuida.

Identificados solo con lo aparente, nuestra vida se desenvuelve sobre lo exterior. Cuando vivimos desde la mente, la superficialidad prevalece en todos y cada uno de los aspectos. Aquellos que se identifican con el cuerpo físico consideran la mente como su mundo interior. Solo quien ha reconocido la consciencia nota que el pensamiento es parte de la superficie y, al trascender la mente, realiza la dicha absoluta.

¿Podría explicar algo más acerca de la relación maestro-discípulo?

Muchas cosas en la vida no están destinadas a ser explicadas o comprendidas, sino a ser experimentadas. El análisis lógico solo nos hará errar el punto. Es imposible entender la relación maestro-discípulo escuchando a otros o leyendo libros porque se trata de un romance misterioso… de una historia de amor que ha de ser vivida.

El maestro y sus discípulos no entablan una relación. Lo que ocurrió entre el Baal Shem Tov y sus *jasidim*, entre Buda y su *saṅgha*, entre Śaṅkara y sus *śiṣyas*, no fue una relación, sino un encuentro entre la oscuridad y la luz, entre las preguntas y la respuesta. El discípulo es tierra fértil; el maestro, una nube cargada de lluvia. En esta unión, la dualidad desaparece en el Absoluto, el río se funde en el mar, la gota se disuelve en el océano, la sabiduría desvanece la ignorancia, la luz disipa la oscuridad y lo humano se vuelve lo divino.

La palabra sánscrita *guru* significa 'aquel que ayuda a despejar la oscuridad':

gu-kāras tv andha-kāraś ca
ru-kāras teja ucyate
ajñāna grāsakaṁ brahma
gurur eva na saṁśayaḥ

> Se dice que la sílaba *gu* es la oscuridad y que la sílaba *ru* es la luz. No hay duda de que el gurú es, en efecto, el conocimiento supremo que absorbe la oscuridad de la ignorancia.
>
> (*Śrī Guru-gītā*, 23)

En el *Vaiṣṇava-kaṇṭha-hāra*, encontramos una explicación muy similar:

gu-śabdas tv andha-kāraḥ
ru-śabdas tu nirodhakaḥ
andha-kāra-nirodhatvād
gurur ity abhidhyate

> La palabra *gu* significa 'oscuridad' y *ru* significa 'aquel que disipa'. Debido a su capacidad para disipar la oscuridad de la ignorancia, a un transcendalista se le llama *gurú*.
>
> (*Vaiṣṇava-kaṇṭha-hāra*)

En la plataforma dual, las relaciones se entablan entre egos: padres e hijos, vendedores y clientes, jefes y empleados, hermanos, amantes, amigos, vecinos, etcétera. Por definición, una relación necesita de dos. Los discípulos, en su ignorancia, conciben al gurú como diferente de sí mismos; sin embargo, no es así desde la perspectiva del maestro. El encuentro del maestro y sus discípulos elimina toda separación; se esfuma todo lo que disgrega y divide develando la unidad subyacente. En esta relación, los discípulos se encuentran consigo mismos, ya que el maestro no es alguien… es nadie, un vacío, una presencia, una nadeidad.

Arjuna se dirige a Kṛṣṇa de la siguiente manera:

sakheti matvā prasabhaṁ yad uktaṁ
he kṛṣṇa he yādava he sakheti
ajānatā mahimānaṁ tavedaṁ
mayā pramādāt praṇayena vāpi

yac cāvahāsārtham asat-kṛto 'si
vihāra-śayyāsana-bhojaneṣu
eko 'tha vāpy acyuta tat-samakṣaṁ
tat kṣāmaye tvām aham aprameyam

Considerándote mi amigo y sin conocer tus glorias, te he llamado, irreflexivamente, ¡oh, Kṛṣṇa!, ¡oh, Yādava!, ¡oh, amigo mío! Por favor, perdona todo lo que haya hecho por locura o por amor. Te he faltado al respeto muchas veces, bromeando mientras descansábamos, acostándome en la misma cama, sentándome contigo o comiendo contigo, a veces a solas y a veces frente a muchos amigos. ¡Oh, tú, el infalible!, por favor, perdóname por todas esas ofensas.
(*Bhagavad-gītā,* 11.41-42)

La amistad ordinaria consiste a menudo en una mutua nutrición egoica. La mayoría de la gente elige como amigo a quien le alimenta su propia imagen. Ya lo dijo León Daudí: «¿Quieres un consejo para tu éxito en la vida de relación? Ayuda a los otros a sujetarse la careta». En general, en eso consiste la amistad: en ayudarse mutuamente a sostener las máscaras. En ese sentido, el maestro no puede ser considerado un amigo. Sin embargo, es el único amigo verdadero porque ayuda a los discípulos a trascenderse a sí mismos, a ir más allá del yo.

El maestro actúa como enemigo del fenómeno egoico. Sus palabras y acciones son como ácido para el ego del discípulo. El accionar del gurú es implacable, demoledor y destructivo. Su labor consiste en eliminar los sueños, las ilusiones y las fantasías. El maestro constituye una verdadera molestia y su intención es disturbar el dormir del discípulo.

La sociedad y los medios de comunicación nos bombardean con ofrecimientos de comodidad, seguridad y consuelo. Si usted establece una empresa que pueda ofrecer dichos beneficios, tenga por seguro que será un buen negocio. Ahora bien, la cercanía del gurú no es para los buscadores de seguridad o consuelo, sino únicamente para aquellos que anhelan la liberación.

Para el discípulo, el maestro es Dios; para el maestro, todo el mundo es Dios. La visión del gurú se asienta en la naturaleza divina que subyace a todo ser. De acuerdo con las sagradas escrituras, el gurú original, o *caitya-guru*, yace en la profunda intimidad:

sarvasya cāhaṁ hṛdi sanniviṣṭo
mattaḥ smṛtir jñānam apohanaṁ ca
vedaiś ca sarvair aham eva vedyo
vedānta-kṛd veda-vid eva cāham

Yo me encuentro en el corazón de todos, y de mí proceden el recuerdo, el conocimiento y el olvido. Es a mí a quien hay que conocer a través de todos los Vedas. En verdad, yo soy el compilador del Vedānta y el conocedor de los Vedas.

(*Bhagavad-gītā*, 15.15)

El *caitya-guru* es el maestro espiritual interno que yace en el corazón y es uno con el Ser; sus dos aspectos externos son el *dīkṣā-guru* y los *śikṣā-gurus*. El *dīkṣā-guru* guía nuestra alma eternamente. Los *śikṣā-gurus* nos instruyen acerca de aspectos específicos de la vida espiritual. Ambas manifestaciones son imprescindibles porque la comunicación precisa agentes externos mientras no hayamos logrado el nivel necesario para contactar con el *caitya-guru* directamente. Si nuestra actitud es la apropiada, seremos capaces de ir reconectándonos gradualmente a nuestro maestro espiritual interno.

La presencia del gurú inspira y eleva; es una flor, una puesta de sol, una luna llena. Solo nuestra identificación con la mente nos separa del maestro. El maestro no ofrece un sendero hacia un ideal lejano, ni enseña una teoría o doctrina que nos otorgue cierta comprensión. El gurú no predica una determinada religión, sino que él mismo **es** la religión de su discípulo. Un verdadero discípulo no elige a un maestro dentro de su propia religión, sino que sigue la religión a través de la cual su gurú elige expresarse.

A menudo se piensa que la relación maestro-discípulo es como la que existe entre el profesor y el estudiante; aunque hay ciertas similitudes, la diferencia es abismal. El estudiante sabe que busca información. El discípulo, a pesar de que experimenta una urgente ansiedad, desconoce el objeto de su anhelo; busca la Verdad o a Dios sin saber lo que dichas palabras significan. Aspira al misterio, anhela perderse en lo desconocido. El estudiante desea «saber acerca de», el discípulo desea «ser». La meta del estudiante es clara porque su ímpetu nace desde la mente, pero la motivación del discípulo desconoce las palabras ya que emerge desde una dimensión previa al plano mental.

La relación entre profesor y estudiante es de carácter intelectual y se desarrolla a nivel mental; consiste en una transferencia de información destinada a otorgar conocimiento. Por su parte, el encuentro entre maestro y discípulo es de naturaleza existencial; no es acerca de estudiar o aprender, sino de ser. En la escritura *Pirkei Abot*, se dice que Moisés recibió la Torá del Monte Sinaí. El maestro puede ser una persona, pero también el lugar donde se produjo nuestro encuentro con la consciencia. Este encuentro no ocurre en el plano físico o mental, sino en el espiritual.

Mientras el estudiante busca información, el discípulo va tras una completa transformación. El discípulo se ha percatado de su ignorancia y busca la realización de su auténtica naturaleza. El profesor enseña una materia, mientras que el maestro se enseña a sí mismo. El verdadero discípulo desea aprender a su maestro, que es la esencia del Ser.

El profesor imparte conocimiento, pero el gurú se empeña en una completa liberación epistemológica. El pedagogo se esfuerza por ampliar el almacén informativo de sus estudiantes, pero el maestro nos guía hacia una total emancipación de toda teoría, idea, concepto o conclusión.

Cuando el discípulo encuentra a su maestro, tiene que aceptar un proceso transformativo de liberación del pasado y de lo sabido. Cual polvo sobre un espejo, lo conocido no permite reflejar la realidad. Cubiertos por teologías, filosofías y escrituras, no podemos reflejar lo divino. Si formamos parte de un determinado «-ismo», proyectamos ideas y conceptos sobre la realidad, en lugar de verla. La adoración a Dios es reemplazada por la adoración a las ideas acerca de Dios. Los ídolos de piedra y bronce no conllevan un gran peligro. La verdadera idolatría es adorar ídolos mentales hechos de pensamiento. Lógicamente, la búsqueda de nuestras propias ideas no nos puede conducir a develar algo real. Ideas y palabras son símbolos, pero no son la cosa en sí. Aunque los símbolos pueden ser puentes hacia lo inmanifestado, existe el peligro de quedarse atrapados en ellos. Para acceder a la Verdad, la realidad y a Dios, es imprescindible destruir nuestros ídolos de pensamiento y vaciarnos por completo de todo concepto.

La ventana nos permite ver el paisaje, pero los árboles y las colinas no le pertenecen a la ventana ya que es solo un hueco que deja ver el exterior. Similarmente, el maestro es un vacío a través del cual podemos vislumbrar la libertad. El gurú no es una persona, sino solo una ausencia que desvela las montañas, y no permite que los discípulos le atribuyan la belleza del paisaje. Los discípulos a menudo se apegan al individuo que consideran como su salvador o mesías. Sin embargo, el maestro no aceptará esta dañina actitud. Los discípulos deben relacionarse con el maestro como una puerta abierta hacia la Verdad que los invita a salir.

El maestro espiritual no es solo un guía, sino el camino mismo, como lo indica el *Maitrī Upaniṣad*:

uddhartum arhasīty andhodapāna
stho bheka ivāham asmin saṁsāre
bhagavaṁstvaṁ no gatis tvaṁ no gatiḥ

Tenga la bondad de liberarme. En este ciclo de repetidos nacimientos y muertes, soy como una rana dentro de un pozo oscuro. Su Divina Gracia, usted es nuestro sendero, usted es nuestro sendero.

(*Maitrī Upaniṣad,* 1.7)

Un concepto muy similar se presenta en el Nuevo Testamento (Juan, 14:6): «Yo soy el camino, la Verdad y la vida —le contestó Jesús—. Nadie llega al Padre sino por mí».

El maestro cumple las funciones de padre espiritual. Así como nuestros progenitores nos dan el cuerpo físico, por medio del maestro nacemos al espíritu. Nuestra madre es la puerta hacia el mundo y el maestro es una entrada al plano de la consciencia. Sin embargo, nadie puede pasar por la puerta en tu lugar, ni siquiera el maestro; solo tú puedes cruzarla.

La democracia puede ser el sistema más apropiado para la sociedad moderna, pero en ciertas circunstancias debemos recurrir a otras opciones. Un avión debe ser manejado por un piloto y no basándose en el voto democrático de los pasajeros. El médico debe ignorar a menudo las preferencias de sus pacientes. Asimismo, un proceso transformativo no puede desarrollarse democráticamente. El discípulo no debe esperar que el trabajo con su maestro sea democrático, porque quien duerme no puede elegir si despertarse o continuar durmiendo.

Un auténtico maestro es un dedo indicando hacia la libertad; por lo tanto, jamás satisfará las expectativas de sus discípulos. Un comerciante trata de complacer a sus clientes. Un político hace lo posible por mantener contentos a sus votantes. Solo un falso maestro responde a las expectativas de sus seguidores. Uno verdadero los desilusionará en repetidas ocasiones; por eso, son muy pocos los discípulos que permanecen junto al maestro. Cada gurú real a menudo posee su respectivo «Judas», así como una estela de defraudados que no pudieron eliminar sus propias expectativas.

Un auténtico discípulo encontrará un verdadero maestro; uno mediocre probablemente se entregará a un maestro cuestionable; y un falso discípulo, con toda seguridad, se sentirá atraído hacia un maestro falso. Hoy en día, se habla mucho de maestros impostores; sin embargo, la culpa no es solo de los maestros, sino, sobre todo, de la gente que se siente atraída por quienes les dicen lo que desean escuchar.

Es muy importante que el discípulo entienda la labor del maestro. El maestro puede indicar dónde está el agua, pero no puede saciar la sed de los discípulos, a menos que ellos deseen beber. Aunque el gurú les puede enseñar a extender sus alas, son los discípulos quienes deben volar. El maestro apoya y motiva, pero no puede realizarse en lugar del discípulo. Al igual que los policías que dirigen el tráfico, los maestros pueden indicar la dirección, mas no es su trabajo llevarte a tu destino.

El discípulo debe tener una actitud de servicio y exploración. Si te acercas a un gurú, debe ser para servir y no para ser servido, para dar y no para recibir. El gurú no puede darte nada que no poseas. Solo necesitas el Ser, pero ya eres el Ser; por lo tanto, solo tú puedes dártelo a ti mismo. El gurú te enseña el arte de dar, para que puedas darte el Ser a ti mismo.

El discípulo no se acerca a un maestro espiritual en busca de conocimiento, sino solo cuando está cansado de información y su corazón se torna una gran pregunta. Pone a un costado todo lo sabido y se vuelve receptivo. Pregunta, examina y explora pero no mediante preguntas intelectuales. El proceso espiritual de aprendizaje no es de tipo intelectual solamente, sino también trascendental.

Se trata de un encuentro incondicional donde el discípulo, sediento de Verdad, no exige nada. Por su parte, el maestro no promete paraísos después de la muerte. El discípulo no demanda nada porque no sabe lo que busca. El maestro no promete nada porque lo que ofrece está incluido en su silencio, en su presencia.

El gurú es un fenómeno masculino aunque se exprese mediante una maestra femenina. Asimismo, incluso los discípulos de sexo masculino adoptan una actitud femenina. Se acercan al maestro con vulnerabilidad y receptividad. Su actitud es pasiva y libre de defensas. La entrega de toda alma enamorada es de naturaleza femenina. Su apertura le permite ser penetrada por la presencia del maestro.

Cultivar la receptividad y la vulnerabilidad nos prepara para la entrega incondicional, que es un paso imprescindible hacia la transformación total. La entrega nace desde el corazón del discípulo y jamás es impuesta por el maestro; si fuera forzada, se debería dudar de la veracidad de dicho gurú.

La entrega incondicional es el sendero hacia la profunda comunión del discípulo con su maestro. Quien no haya encontrado aún a su maestro puede entregarse a la vida, la existencia o la totalidad. Lo realmente importante es el despertar de dicha entrega incondicional en el corazón. El discípulo no se entrega a alguien, sino a la divinidad; no a una persona, sino a los pies de la Verdad. Kṛṣṇa dice en el *Bhagavad-gītā*:

sarva-dharmān parityajya
mām ekaṁ śaraṇaṁ vraja
ahaṁ tvāṁ sarva-pāpebhyo
mokṣayiṣyāmi mā śucaḥ

> Abandona todas las variedades de *dharmas* y tan solo entrégate a mí. Yo te liberaré de todas las reacciones pecaminosas. No temas.
> (*Bhagavad-gītā*, 18.66)

El proceso evolutivo que acontece dentro de la relación maestro-discípulo florece desde la confianza, el amor y la fidelidad. El desarrollo del discípulo no es el resultado de determinada actividad. El aspirante no evoluciona como producto de una práctica específica. Toda práctica es una preparación, pero no produce el desarrollo en sí.

El verdadero maestro alumbra, pero nunca encandila. El discípulo auténtico es una búsqueda de la disipación de la oscuridad; anhela ver claramente lo que es, tal como es. Los seres humanos no perciben el mundo tal como es, sino como les parece; en lugar de observar, proyectan su contenido mental sobre lo observado. El discípulo comprende esto y busca claridad. El maestro no le otorga nada concreto, sino solo la posibilidad de observar lo que ya es. El gurú es luz y ofrece su claridad al discípulo que vive en la oscuridad.

oṁ ajñāna timirāndhasya
jñānāñjana-śalākayā
cakṣur unmīlitaṁ yena
tasmai śrī-gurave namaḥ

> Nací en la más oscura ignorancia, y mi maestro espiritual me abrió los ojos con la antorcha del conocimiento. Le ofrezco mis respetuosas reverencias.
>
> (*Śrī Guru-gītā*, 34)

Tanto el discípulo como el maestro son una búsqueda. El primero busca abrirse a un ilimitado recibir y que su apertura amplia e incondicional le permita aceptar el universo entero. El segundo, por su parte, busca un recipiente apropiado del secreto infinito.

En una apreciación superficial puede dar la impresión de que el discípulo le da todo a su gurú a cambio de elevación espiritual. Sin embargo, el encuentro entre ambos no es una relación de dar y recibir. La verdadera intención es despertar el divino potencial dormido que yace en el discípulo. En el *Śrī Guru-gītā* se dice:

yajño vrataṁ tapo dānaṁ
japas tīrthaṁ tathaiva ca
guru-tattvam avijñāya
mūdhāste carate janāḥ

> Es un gasto innecesario de tiempo practicar *japa*, ritos de sacrificios, votos, penitencia, caridad y peregrinaciones, sin una adecuada comprensión del principio del gurú.
>
> (*Śrī Guru-gītā,* 24)

Todo discípulo desea la cercanía del maestro. Sin embargo, a pesar de vivir muy cerca físicamente, nunca logra sentirse cercano a **alguien**. La lejanía que siente es la distancia de sí mismo. El fenómeno del maestro se trata más de presencia que de sustancia, una presencia y ausencia simultáneas. Como presencia, es totalidad aquí y ahora. Como sustancia, es la ausencia de alguien o algo objetivizado en el espacio y el tiempo, y carece de la aparente masa y sustancialidad que brinda el fenómeno egoico limitado. El gurú es una vacuidad corporificada... la sombra de la nadeidad, el reflejo de la vaciedad sobre el lago de lo relativo.

Tratando de acercarnos a donde se encuentra el gurú, descubriremos dónde realmente estamos. Ante la presencia del maestro, el discípulo se descubre a sí mismo... En realidad, esta es la idea que se halla tras la palabra *satsaṅga*, que significa 'sentarse con la Verdad'. *Satsaṅga* es la profunda e íntima comunión de dos presencias, dos silencios emergiendo como uno; lo que ocurre entre ellos es una historia de amor, pero no como los romances que conocemos. No es una relación entre dos, sino un dueto de uno.

Al contemplar una bella obra de arte, nos pueden abrazar una tierna paz y fresca felicidad. Sin embargo, si analizamos los componentes de la pintura en un laboratorio, no encontraremos paz. La felicidad no proviene de un cuadro, sino de lo profundo de nuestro interior. En otras palabras, ese lienzo colorido nos conecta con el manantial de dicha que siempre yace en nuestra profunda intimidad. De la misma manera, lo que experimentamos en presencia del maestro es nuestra auténtica naturaleza o Dios.

El discípulo es una potencialidad y el maestro, una manifestación. El primero es una semilla, el segundo, un árbol. El gurú representa las posibilidades del discípulo, este último representa lo que el gurú era. El maestro es el mañana del discípulo, mientras que el discípulo es el pasado del gurú. Frente al maestro, el discípulo se encuentra ante sus posibilidades, ante lo que la existencia sueña para él.

El maestro espiritual es la más fiel expresión de lo Absoluto dentro de lo relativo. El Ser se expresa en el silencio, en la mirada, en los gestos del maestro. Ante el maestro, nos sentimos menos mente, menos cuerpo, y más ser. Su presencia emana de la totalidad de quien se encuentra establecido en el aquí y ahora. Para aprender de un maestro, debemos sentarnos cerca de él y percibir la melodía que fluye de su alma. Y si sintonizamos con su silencio, reconoceremos nuestra propia paz en lo profundo del alma.

Querido Prabhuji, entiendo y comparto gran parte de su crítica hacia todas las religiones. ¿Podría decirme, a su entender, cuál es el mayor daño que estas le han causado al ser humano?

Deseo aclarar que no critico la religión, sino el fenómeno de la religión institucionalizada. La auténtica religión es solo una, mientras que la religiosidad organizada posee diferentes caras. Al ser un fenómeno social y no espiritual, hay tantos «-ismos» religiosos como culturas: «templismo», «iglesismo», «sinagogismo», y demás.

La religión es del maestro iluminado, mientras que la religión organizada es de los predicadores, los curas, los rabinos, los *paṇḍits*, los imanes y los «sat-sanguistas» modernos. La auténtica religión ha florecido en un Jesús, Buda, Moisés, Mahoma, Śaṅkara, Kṛṣṇa, Caitanya, Lao Tse o en un Guru Nanak. Los «-ismos» religiosos corresponden al Papa, al Vaticano, al Rabinato Principal de Israel, etcétera.

Jesús no oyó hablar sobre el cristianismo, el catolicismo o el protestantismo. Moisés nunca supo del término *judaísmo*. Buda jamás imaginó que fundaría el budismo.

Me considero religioso, y por eso mis palabras le parecen subversivas a la religión institucionalizada. La auténtica religión siempre se ha mostrado reaccionaria ante los negocios pseudoespirituales que arriendan dioses inventados y nos venden parcelas imaginarias para después de la muerte, algo así como inmobiliarios del paraíso. Esto lo vemos claramente en la reacción de Jesús ante los mercaderes que se hallaban a la entrada del templo de Jerusalén.

La religión organizada nace desde el temor y la necesidad psicológica de encontrar sentido y explicaciones a las experiencias de nuestra vida. Nos ofrece una salida de la confusión: explica lo incomprensible y acerca lo inalcanzable. La mente ilusoria y condicionada puede inventar tanto el ritualismo como la simbología religiosa, pero no puede concebir un dios sagrado.

El mayor perjuicio de la religión institucionalizada ha sido obstruir el acceso de la humanidad a la auténtica religión. Se ha interesado más en preservar la organización que en facilitar el desarrollo espiritual del individuo. Los intereses institucionales han prevalecido por sobre los beneficios de los seguidores.

Cada religión organizada se ha presentado como la única verdadera. Durante siglos, todas ellas han tratado de engañar a la humanidad declarando tener los derechos de autor de la palabra de Dios. Insistiendo en que poseen la Verdad, han contribuido al condicionamiento de millones de personas. Condenando el cuestionamiento de sus dogmas, estos «-ismos» han coartado la capacidad de indagar y examinar de sus creyentes. Han estancado a sus seguidores en la superficie usando todo tipo de artimañas, tales como «la duda es una debilidad espiritual», «pensar es ocioso» e «investigar es innecesario».

A través de la historia, estos «ismos» han paralizado la facultad de pensar de sus seguidores e incentivado el fanatismo ciego. Los han convencido de que la búsqueda es fútil y los han mantenido en la ignorancia acerca de sí mismos.

Los dogmas han idiotizado a las masas. En lugar de ser herramientas axiomáticas, se han transformado en fines en sí mismos. La religiosidad barata ha proclamado durante siglos poseer las respuestas a todas las preguntas;

ha carecido de la humildad para aceptar y reverenciar el misterio de la vida. No ha manifestado la suficiente honestidad como para reconocer públicamente que no todas nuestras preguntas pueden ser respondidas. La ciencia ha sido más sincera y ha aceptado que carece de explicaciones para ciertos misterios.

La religiosidad organizada ha impedido toda evolución espiritual. Una de sus estrategias ha sido la de difundir argumentos prefabricados. Desde pequeños, nos adiestra y adoctrina; incluso nos da las respuestas a las preguntas que no hemos formulado aún. Antes de siquiera cuestionar la existencia de Dios, ya nos informa de su dirección, inclinaciones, deseos y exigencias.

Por su parte, la auténtica religión no es exclusiva, sino inclusiva: motiva y apoya al individuo en su búsqueda de la Verdad. Su labor es inspirar el cuestionamiento y la exploración. Se manifiesta cuando trascendemos los límites de la mente y nos liberamos del condicionamiento, en el cual estamos atrapados. No es un fenómeno psicológico, ya que no pertenece al dominio de la mente. Se accede a ella a través de la observación, no por medio de la fe, las creencias o las supersticiones. Se alcanza mirando más allá de toda tradición o costumbre. Lo realmente sagrado solo puede ocurrir al superar el temor, silenciar la mente y trascendernos como fenómeno egoico.

Dios no es la respuesta, sino el desvanecimiento de toda pregunta. En hebreo, la palabra *respuesta* es *tshuvá*, o 'volver a Dios'. La Verdad se experimenta en la quietud que permanece cuando cesa la actividad mental. El misterio de la existencia se revela cuando el silencio inocente es la única respuesta; ese tierno callar que responde a la pregunta «¿me amas?». Un silencio que torna todo obvio, que disipa la pregunta. En la Biblia, se describe como *kol dmama daka,* o 'una voz de silencio suave'.

> Y he aquí que el Señor pasaba. Y un grande y poderoso viento destrozaba los montes y quebraba las peñas delante del Señor; pero el Señor no estaba en el viento. Después del viento, un terremoto; pero el Señor no estaba en el terremoto. Después del terremoto, un fuego; pero el Señor no estaba en el fuego. Y después del fuego, una voz de silencio suave.
>
> (1 Reyes, 19:11-12)

Quizás en una noche cualquiera, eleves tu pregunta al cielo y las estrellas parpadeando te abracen con su silencio vivo y ensordecedor... Dicho grito silencioso desde lo más profundo de la existencia eclipsará tus enigmas... Quizás solo entonces sentirás una caricia de la Verdad.

Usted tuvo una experiencia mística en su infancia. Se iluminó después de 32 años de búsqueda. Quisiera saber si su iluminación fue el resultado de sus prácticas.

A los ocho años vivencié una experiencia mística; tuve la infinita fortuna de ser iniciado por la existencia. En el silencio de la noche, la luna y las estrellas me otorgaron *dīkṣā*. Sin embargo, la experiencia mística es un fenómeno totalmente diferente al de la iluminación, porque tú como observador aún estás presente. Aunque observes la luz, lo observado ocupará el lugar de lo objetual, mientras que la iluminación es subjetualidad pura.

La iluminación es siempre imprevista y accidental; no es el efecto de una causa ni el resultado de determinada práctica. Ninguna metodología puede otorgarla. Jesús, Buda, Śaṅkara, Moisés y otros despertaron a la realidad en diferentes circunstancias. Si estudiamos sus vidas, veremos que la iluminación fue un accidente que les ocurrió en situaciones muy peculiares: bailando, cantando, caminando, sentados en silencio, etcétera. A unos, en la tranquilidad de su hogar; a otros, en una cueva en la montaña, en el desierto o en el bosque. El despertar puede encontrarte en cualquier esquina. Es como enamorarse: es la misma experiencia para todos, pero cada uno posee su propia historia de amor.

La práctica espiritual, o *sādhana*, no está destinada a lograr *mokṣa*. La meta de la oración, el *haṭha-yoga*, la *japa*, el *prāṇāyāma* y la meditación no es iluminarnos. El *yoga-vidyā* crea las condiciones propicias para la iluminación. Son metodologías de purificación que ayudan a superar los obstáculos o impedimentos y facilitan dicho accidente.

No podemos forzar el sueño. Para quedarnos dormidos, debemos crear la atmósfera adecuada: cerrar las persianas, apagar la luz, recostarnos en una cama cómoda, relajarnos, etcétera. Sin embargo, el sueño solo puede caer sobre nosotros por sí solo. Asimismo, no hay un método para enamorarte de alguien; lo único que puedes hacer es crear las condiciones propicias. El sueño y el amor, al igual que la iluminación, son accidentes que simplemente ocurren.

La existencia es extremadamente creativa y se resiste a la imitación. Al mirar las olas del mar, las montañas y las flores, notaremos que la vida no gusta de reproducir. Las diferentes religiones han creado métodos que imitan las circunstancias en las cuales un iluminado despertó. Si el profeta se iluminó sentado, pues la práctica es sentarse; si el santo encontró a Dios bailando, la *sādhana* es bailar. No obstante, dichas actividades no constituyen la causa. Si un iluminado despertó mientras estaba sentado, la razón no fue la posición corporal o la silla. Si otro accedió a lo divino cuando bailaba, no fue debido al baile. Antes de emprender una práctica, es muy importante situarla en su lugar correcto.

Cada religión ha desarrollado sus respectivas prácticas, pero los seguidores no necesariamente han logrado los apetecidos resultados. Sus métodos no siempre han sido eficaces a la hora de trascender la ilusión. Los judíos, cristianos, hindúes y budistas han imitado a sus profetas durante siglos para realizar la ansiada meta divina. Dichas prácticas han transformado la religión en un negocio: quien pague con la moneda de las prácticas recibirá la mercadería requerida. Esto nos ha vuelto manipuladores y oportunistas.

La religión es develar nuestra verdadera existencia en la realidad del presente. Si la práctica está dirigida a una meta, nos proyecta hacia el futuro. Toda *sādhana* que busca iluminación, por muy elevada que sea, nos distrae del momento presente. La única alternativa es crear la situación propicia y cultivar el arte de esperar apropiadamente; pero no aguardar algo en particular, sino transformarnos en una espera incondicional. No queda más que meditar con gran confianza en la vida. A su debido momento, un rayo de luz iluminará tu alma. En dicho divino accidente fatal, perecerás como «alguien» para renacer como el Todo.

Tengo entendido que hubo maestros iluminados que no tuvieron gurú. ¿Puede que aceptar a un maestro impida que me desarrolle a mi manera y, por ende, retrase mi iluminación?

Desde el momento mismo en que consultas, te estás convirtiendo en discípulo. La naturaleza del discipulado es averiguación. Kṛṣṇa dice:

tad viddhi praṇipātena
paripraśnena sevayā
upadekṣyanti te jñānaṁ
jñāninas tattva-darśinaḥ

> Trata de aprender la Verdad acudiendo a un maestro espiritual. Hazle preguntas de un modo sumiso y préstale servicio. Las almas autorrealizadas pueden impartirte conocimiento, porque han visto la Verdad.
> (*Bhagavad-gītā*, 4.34)

Paripraśnena significa 'preguntas sumisas'. El cuestionamiento y el servicio, o seva, son los dos pilares de la relación maestro-discípulo.

Muchas personas preguntan, pero el cuestionamiento que caracteriza al discípulo es de una naturaleza diferente. No interroga por curiosidad, sino porque sus dudas le perturban la rutina y le quitan el sueño; son vitales, asuntos de vida o muerte. La calidad de la pregunta depende de cuán intensa es su búsqueda. Cuestionar es parte de un proceso transformativo, porque las respuestas pueden obligarnos a efectuar profundos cambios, a aceptar situaciones desagradables o a renunciar a apegos. Las respuestas del gurú comprometen y pueden revolucionar el propio mundo interior.

Si deseas conocimiento intelectual acerca de la mística, la espiritualidad o la religión, te bastará con estudiar las religiones comparadas o teología en la universidad. Un maestro es necesario solo si buscas la autorrealización y estás dispuesto a asumir un mayor compromiso con el proceso. El encuentro entre un discípulo y el gurú es el encuentro de una pregunta con la respuesta. El pedagogo ofrece respuestas, pero el maestro **es** la respuesta.

Es cierto que a lo largo de la historia algunos iluminados no necesitaron la guía de un maestro de carne y hueso; de hecho, es posible iluminarse sin aceptar un maestro, pero no sin ser discípulo. Dichos virtuosos del espíritu no tuvieron maestros, pero fueron grandes discípulos. Los denomino «virtuosos» porque ellos son la excepción a la regla, así como algunos prodigios de la música fueron capaces de componer música desde su niñez; pero si no somos uno de ellos, necesitaremos la ayuda de un maestro.

Si el maestro fuera el único obstáculo para el despertar, todo aquel que no tenga uno ya estaría iluminado. Si no tienes un gurú que te lo impida, ¿cómo es que no te has iluminado aún? La mayoría de las personas no aceptan un maestro espiritual, no porque no lo necesiten, sino porque carecen de la capacidad de ser discípulos. El gurú implica un peligro vital para el ego, ya que atenta contra la seguridad del fenómeno egoico. Obviamente, el ego tratará de defenderse diciendo que no es necesario, al igual que un niño es reacio a una visita al dentista.

La relación maestro-discípulo es eterna; sin embargo, pasa por diferentes fases. Se asemeja a la relación con nuestros padres biológicos: cuando somos niños dependemos de su guía hasta para los más pequeños detalles, como cuándo comer o irnos a dormir, pero a medida que vamos madurando, dicha relación evoluciona hacia nuevas etapas. Asimismo, nuestros padres espirituales pueden transformarse en obstáculos para el desarrollo, aunque únicamente si no los trascendemos a su debido momento.

Si tomamos el tren para llegar a una ciudad distante, es imprescindible descender al arribar a la estación correcta. Si permanecemos sentados, no podemos llegar a nuestro destino. En el momento oportuno, el maestro bendecirá gustoso a su discípulo para que siga su propio sendero. Si los discípulos permanecen apegados, el obstáculo no será el gurú, sino la actitud equivocada de ellos. Solo tú puedes demorar o impedir tu autorrealización.

En muchas ocasiones, usted se refiere a los verdaderos buscadores espirituales. Quisiera saber quién puede ser considerado un buscador espiritual.

El buscador material está motivado por la ambición de satisfacer sus deseos de dinero, honor o fama. El buscador religioso dogmático se esfuerza por lograr a Dios, el paraíso o la iluminación. Considero un verdadero buscador espiritual a quien cuestiona todo, incluso la búsqueda y la esencia del buscador.

La vida de los buscadores materiales se rige por el anhelo de saciar sus deseos de riqueza, posición, respeto, poder, y tantos otros. Viven esforzándose por obtener placer, disfrute y felicidad. Esta persecución los desconecta de la realidad, ya que sus vidas se vuelven una proyección constante de sueños. Sus ambiciones los empujan en múltiples direcciones y los condenan a un estado conflictivo. Esta disputa interna se refleja también en su relación con el mundo y sus semejantes. Por eso, al buscador espiritual no le interesa saciar deseos, sino entenderlos. No intenta satisfacerlos ni reprimirlos, porque incluso la intención de eliminarlos es un deseo. Sabiendo que es imposible trascender lo que uno no ha comprendido, observa y examina sus deseos.

La búsqueda espiritual comienza cuando comprendemos que los deseos conllevan frustración. Notamos que por muchos éxitos que obtengamos, al final nuestros logros deberán ser abandonados. Vemos que mientras el deseo esté presente en nosotros, seguiremos proyectando anhelos egoístas sobre la vida. Advertimos que nuestras ambiciones cohíben la observación, obstruyen el acceso a la realidad y nos impiden situarnos en el ahora. La indagación espiritual consiste en buscar la realidad o la Verdad. En lugar de correr a satisfacer demandas y exigencias egoístas, el buscador espiritual se investiga a sí mismo, sus anhelos e incluso las motivaciones de su búsqueda.

El buscador material sueña con alcanzar lo lejano, aquello de lo cual carece. Su búsqueda parte de una sensación de falta. Por otro lado, el buscador espiritual aspira a reconocer lo que tiene; quiere tomar consciencia de lo que ya es… y percibirlo tal como es: una diferencia sutil pero abismal. Comprende que la vida superficial carece de sentido, reducida a nacer, dormir, protegerse, comer, procrear y morir. Se resiste a ver la vida como un pasaje de la sala de partos al cementerio, sin evolución alguna. Al tomar consciencia de la realidad inconstante, descubre que su vida no es más que un fenómeno ilusorio.

La búsqueda solo puede nacer cuando afrontamos las miserias de la vida. Tres paseos por la ciudad le bastaron al Buda para percatarse del sufrimiento terrenal que se le había ocultado tras las cerradas puertas del palacio. Fue durante dichos paseos cuando notó que el disfrute y el placer mundano son triviales. Después de reconocer lo negativo, emprendió la búsqueda de lo positivo; y fue entonces cuando el Buda abandonó el palacio en pos de la felicidad real o la dicha absoluta.

La búsqueda de la Verdad nos ha apasionado a lo largo de la historia. Desde esta pasión, nacieron obras como la Biblia, el Corán, los *upaniṣads*, el *Zend Avesta*, el *Tao Te Ching* y el *Dhammapada*. Profundas teologías y filosofías surgieron de ellas, pero también religiones dogmáticas, creencias ciegas y fanatismo. Los buscadores religiosos desean experimentar a Dios o la iluminación; van por la vida con ansias por luces, aperturas de chakras y paraísos, pero toda búsqueda por satisfacer deseos es material. Mientras se esfuercen por consumar sus sueños, la codicia estará presente y permanecerán enredados en la ilusión. En el tesón por saciar sus ambiciones, se asemejan a perros persiguiendo su propia cola: cuanto más rápido corren, más rápidamente sus colas se alejan. En lugar de buscar las propias ideas sobre Dios, es preferible aspirar a una experiencia directa. La verdadera búsqueda espiritual es existencial y no dogmática.

Si nuestros esfuerzos están dirigidos a obtener a Dios y la iluminación, nos quedaremos solo con los mitos y dogmas en las manos. La búsqueda debe comenzar explorando justo en el lugar donde estamos. Si eres una mente, obsérvala y estúdiala. Comienza por investigar el ego. Cuestiona los pensamientos en lugar de condenarlos. Conoce los deseos en vez de reprimirlos. No indagues acerca de si Dios existe, cuestiónate tu propia existencia. Si comienzas por el principio, y no por el final, podrás emprender un verdadero proceso evolutivo de transformación.

Cuando la persecución de los deseos se supera, la búsqueda espiritual se simplifica en gran medida. Toda dificultad en la meditación es un síntoma de que la primera fase no fue superada aún. Solo al liberarnos de los deseos, dejamos de orientarnos hacia el futuro para situarnos en el presente. Los deseos están en el mañana, mientras que la Verdad es el ahora. Sin superar el deseo, es imposible despertar a la realidad. Trascenderlo es ir más allá del pensamiento, y eso es meditar. En ausencia de deseos, toda actividad mental y emocional se detiene, y podemos sumergirnos en las profundidades de nuestro interior. Situarnos aquí y ahora es despertar a lo que es, tal como es. En el presente, la iluminación se revela como una consecuencia natural.

La iluminación no es complacer un anhelo, sino la inevitable consecuencia de haber ido más allá de la mente. El proceso involutivo no consiste en agregarnos lo que nos falta, sino en deshacernos de lo que nos sobra. Al cumplir los deseos, obtenemos, conseguimos, adquirimos y poseemos más. Únicamente si emprendemos la búsqueda hacia nuestro interior, aligeramos nuestra pesada carga egoica.

El ego es falta de consciencia, mientras que la búsqueda espiritual consiste en expandirla. En lugar de luchar para erradicar el ego, debemos tratar de ampliar la consciencia. Solo buscándonos es posible perdernos, disolvernos, vaciarnos. La trascendencia del ego es sinónimo de consciencia plena.

La ola es el aspecto individual del océano; el océano es el aspecto oceánico de la ola. Examinando los componentes de una gota comprenderemos el océano. Asimismo, si comenzamos analizando nuestro aspecto individual, terminaremos accediendo al divino. Investigando en lo personal, accederemos a lo universal. Observando la parte, comprenderemos el Todo. La búsqueda espiritual es solamente un esfuerzo por crear la situación apropiada. Cuando las condiciones sean las propicias, notaremos que la Verdad, la iluminación y Dios ya están ahí… justamente donde estamos.

Cada vez que trato de meditar, mi mente se hiperactiva y se dispersa: empieza a saltar de una idea a otra, de un pensamiento a otro. ¿Podría darme algunos consejos para mejorar mi meditación?

De acuerdo con el *rāja-yoga*, la concentración (*dhāraṇā*) es una fase previa a la meditación (*dhyāna*). *Dhāraṇā* es el sexto peldaño del *aṣṭāṅga-yoga* de Patañjali, quien explica:

deśa-bandhaś cittasya dhāraṇā

> Concentración (*dhāraṇā*) es el proceso de sostener o fijar la atención de la mente sobre un objeto o lugar.
>
> (*Yoga Sūtra*, 3.1)

La concentración consiste en dirigir los rayos de la atención hacia un determinado objeto a voluntad y de manera consciente. Como consecuencia de ello, la agitación mental disminuye y la atención se centra en un solo punto. La concentración posibilita que olvidemos la realidad objetual y facilita la meditación.

Muchos estudiantes, profesionales y artistas se lamentan de no tener mejor concentración porque es indispensable para su trabajo. Debido a que la concentración no siempre resulta fácil, vemos últimamente que proliferan nuevos métodos destinados a agudizarla. Sin embargo, sin comprender que nuestra mente sigue nuestro corazón ninguna técnica nos ayudará. Es muy difícil concentrarnos en algo que no amamos. Estamos realmente presentes donde se encuentra nuestro corazón. Pero, en general, tratamos de concentrarnos en objetos que no se han ganado nuestra devoción.

Nuestro cariño no está integrado en un solo lugar. La mayoría de las personas experimenta una serie de intereses: el baloncesto, los gatos, el dinero, los hijos, la familia, su país, y miles de cosas más. Al observarlos superficialmente, parecen ser afectos diferentes. Pero es posible integrarlos en un solo centro de concentración si nos percatamos de la fuente común que se esconde detrás de ellos.

La vida se diversifica en una gran variedad de campos y nuestras actividades precisan de una integración. Por ejemplo, el trabajo parece estar desconectado de los deberes familiares; sin embargo, están profundamente entrelazados. Mientras estamos trabajando, en realidad cumplimos con nuestros deberes como componentes de una familia. La visión yóguica integra nuestras diferentes ocupaciones, afectos e inclinaciones.

Relacionarnos con la deidad de la manera adecuada puede facilitar nuestra integración y concentración. Debemos comprender que el *iṣṭa-devatā*, o 'deidad preferida', no es un objeto entre muchos otros, sino que lo incluye todo. Por eso, nada separado de esta deidad puede distraer nuestra atención. En nuestro *iṣṭa-devatā* podemos encontrar la misma satisfacción que nos brinda cualquier objeto en el universo. Si tenemos cien dólares, también poseemos los centavos contenidos en esta suma: no carecemos de los centavos porque poseamos los dólares. Al concentrarnos en el Todo, naturalmente ya no nos preocuparemos por las partes y nuestra mente dejará de saltar de un objeto a otro. Esta concentración desemboca en la meditación de manera espontánea. A diferencia del amor mundano, la devoción por Dios es inclusiva; contiene todo aquello que evoca en nosotros algún nivel de afecto y atracción. El auténtico *bhakti* nace al comprender que la deidad es una representación del Todo y que los objetos desaparecen para revelarse como partes inseparables de Dios.

La actitud idolatra consiste en considerar a Dios como un objeto más entre muchos. Una religión que solo se desenvuelve sobre la plataforma sujeto-objeto no puede guiarnos más allá de la concentración. Para meditar, debemos dejar de ser religiosos y descartar toda idea, creencia o concepto acerca de Dios. Cuando trascendemos la dualidad, ya no hablamos de cristianismo, judaísmo o hinduismo, sino de subjetualidad pura.

En la meditación, prescindimos de la religión para entrar en el reino de la consciencia pura, de lo que es, del Ser. Reconocemos el océano en la ola, el Todo en la parte, y lo absoluto en lo profundo de nuestro interior. La verdadera concentración nos lleva a descubrir que nada puede desviar la atención de la única naturaleza divina que subyace a todo y a todos.

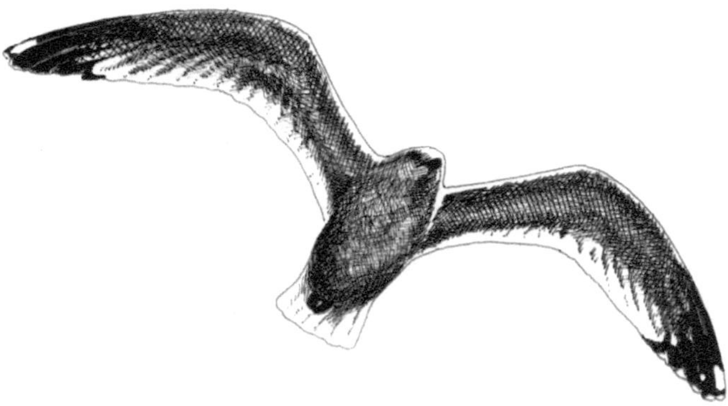

Querido Prabhuji, ¿qué es la devoción, o bhakti?

La devoción es la más depurada expresión del amor; es el amor en su absoluta pureza. Mientras que un romance ocurre entre personas, la devoción es amor por la existencia. En la más profunda intimidad, se evaporan todos los límites que nos separan de la vida; se esfuman las fronteras que nos hacen sentir alguien diferente del Todo. En esta divina historia de amor, se desvanece toda sensación de «yo» y «mío», y nos fusionamos con la vida misma.

La devoción es amor, pero no solo físico, mental o romántico, sino espiritual; no se expresa a través del cuerpo, la mente o los sentimientos, sino que procede de lo más profundo del alma. Al experimentar la devoción, se diluye toda diferencia entre el amante y el amado, entre el sujeto y el objeto. Kṛṣṇa dice:

man-manā bhava mad-bhakto
mad-yājī māṁ namaskuru
mām evaiṣyasi satyaṁ te
pratijāne priyo 'si me

> Siempre piensa en mí, conviértete en devoto mío, adórame a mí y ofréceme a mí tu homenaje. De ese modo, vendrás a mí sin falta. Yo te prometo eso, porque tú eres mi muy querido amigo.
>
> (*Bhagavad-gītā*, 18.65)

Al igual que en un romance mundano, tu corazón responde a una mirada, a un contacto o a un beso, en la devoción, tu corazón vibra con la brisa que acaricia los árboles, con el reflejo de la luna sobre un lago o con la fragancia de las flores. Tu alma baila con el canto de los pájaros o con el silencio del bosque. Dondequiera que mires, reconoces la magia, el misterio, el secreto divino. Lo escuchas en el silbido del viento, en el sonido de las olas y en el eco de los ríos. Lo percibes en el aroma de la tierra después de la lluvia y en el aire salado junto al océano.

La devoción se desarrolla gradualmente de tamásica a rajásica, a sáttvica y, por último, a trascendental. Kṛṣṇa dice:

karmaṇaḥ sukṛtasyāhuḥ
sāttvikaṁ nirmalaṁ phalam
rajasas tu phalaṁ duḥkham
ajñānaṁ tamasaḥ phalam

> Al actuar en la modalidad de la bondad (*sattva*), uno se purifica. Las obras realizadas en la modalidad de la pasión (*rajas*) resultan en sufrimiento, y las acciones ejecutadas en el modo de la ignorancia (*tamas*) resultan en necedad.
>
> (*Bhagavad-gītā*, 14.16)

La devoción tamásica es solo sentimentalismo que crea confusión. La rajásica es apasionada e inquieta y lleva al fanatismo religioso. La devoción sáttvica es pacífica, madura y tranquila; su naturaleza meditativa fomenta la introspección. Por su parte, la devoción que trasciende las *guṇas* es un regalo de la existencia que refleja la dicha y claridad del Ser. Asimismo, los devotos pueden ser tamásicos, rajásicos, sáttvicos o trascendentales. Los devotos trascendentales no se interesan ni siquiera por la liberación: tras haber renunciado por completo a la iluminación, disfrutan constantemente del néctar de la devoción.

La devoción trascendental no puede ser restringida a un sistema de creencias. No nace de una teología, sino de las profundidades de nuestro interior. Se expresa en diferentes idiomas y tradiciones, pero no es patrimonio exclusivo de ninguna religión institucionalizada. La devoción es mencionada en uno de los versículos más famosos de la Biblia: *Ve'ahavta et ha'shem elohecha bechol levavchah u'vechol nafshechah u've'chol meodechah*, que significa: «Y amarás al Señor tu Dios con todo tu corazón, y con toda tu alma, y con todas tus fuerzas». (Deuteronomio, 6:5). También el Corán nos dice: «Si verdaderamente amáis a Alá, ¡seguidme! Y Alá os amará y os perdonará los pecados». (Corán, *Surah Āl 'Imrān*, 31).

A través de la devoción accedemos a Dios. Leemos:

bhaktyā mām abhijānāti
yāvān yaś cāsmi tattvataḥ
tato māṁ tattvato jñātvā
viśate tad-anantaram

> A mí se me puede conocer tal como soy únicamente por medio de la devoción. Y cuando alguien es plenamente consciente de mí mediante esa devoción, puede entrar en el Reino de Dios.
>
> (*Bhagavad-gītā*, 18.55)

El amor nos expone a lo divino; la devoción nos muestra a Dios. Un corazón devoto conoce la Verdad última de la vida. Es importante comprender la diferencia entre **saber** y **conocer**. **Saber** está relacionado con habilidades adquiridas o información memorizada: deportes, matemáticas, idiomas, etcétera. Por su parte, **conocer** expresa familiaridad con alguien o algo. Conocer a Dios es muy diferente de conocer cualquier cosa en la vida. Por ejemplo, tu dentista sabe sobre tu dentadura; tu cartero, sobre tu dirección; tu mecánico, sobre tu coche. Ellos pueden llegar a identificar tu rostro, pero ninguno te conoce realmente. Asimismo, muchos religiosos claman conocer a Dios porque saben su dirección, su idioma, sus deseos e inclinaciones, pero solo conoces a alguien que amas.

וְהָאָדָם יָדַע אֶת־חַוָּה אִשְׁתּוֹ וַתַּהַר וַתֵּלֶד אֶת־קַיִן וַתֹּאמֶר קָנִיתִי
אִישׁ אֶת־יְהוָה.

(בראשית, ד', א')

> Y el hombre conoció a Eva su mujer, y ella concibió y dio a luz a Caín, y dijo: «He recibido un varón del Señor».
>
> (Génesis, 4:1)

La Biblia utiliza el término hebreo *yada*, o ‘conoció’, para referirse a una relación muy íntima.

בְּטֶרֶם אֶצָּרְךָ בַבֶּטֶן יְדַעְתִּיךָ וּבְטֶרֶם תֵּצֵא מֵרֶחֶם הִקְדַּשְׁתִּיךָ
נָבִיא לַגּוֹיִם נְתַתִּיךָ.

(ירמיהו א', ה')

> Antes de que yo te formara en el seno materno, te conocí, y antes de que nacieras, te consagré, te puse por profeta a las naciones.
>
> (Jeremías, 1:5)

El devoto no sabe sobre Dios, sino que lo conoce; y su amor le permite desarrollar una familiaridad con él. De igual modo, los sentimientos de respeto y entrega ayudarán al discípulo a desarrollar una relación íntima con su maestro espiritual, pero solo la devoción lo llevará a una perfecta comunión con él. El devoto es la cúspide del discípulo.

Así como un amante conoce a su amado, solo un corazón rebosante de devoción conoce realmente la presencia de Dios. Su familiaridad con lo divino no está relacionada con la información, sino con la sabiduría.

La devoción es uno de esos misterios inexplicables que trascienden la lógica. Por eso, la dicha nectárea del devoto no proviene de lo que sabe sobre el Señor, sino de lo que desconoce; son como las *gopīs,* que no saben que Kṛṣṇa es Dios, pero lo conocen como el alma de sus vidas.

El devoto es indiferente tanto al sufrimiento como al placer, tanto al dolor como a la felicidad. Apaga todas sus preferencias, predilecciones, inclinaciones y condicionamientos, así como toda idea, concepto o conclusión que atente contra el amor. En la misma medida en que aumenta su devoción, disminuye como «alguien» y desaparece como una gota en el océano.

Devoción es morir a lo aparente para despertar a lo real; es la expiración de lo efímero para renacer en lo verdadero; es la terminación de lo personal para dejar lugar a lo universal. La evaporación de lo temporal y transitorio para reconocer lo permanente e inmortal. Devoción es olvidar el pasado y el futuro, para ver el fresco amanecer del presente; es dejar atrás lo que fue y debería ser, para descubrir lo que es. La devoción es morir en el tiempo y el espacio, para renacer en lo eterno e infinito.

Al igual que el gusano de seda se transforma en mariposa, si amas intensamente, tu amor se convertirá en devoción. Cuando tu corazón se inunde de devoción, te sentirás impelido a adorar las estrellas, el océano, los árboles y las flores. Todo ser viviente te inspirará reverencia. Tu vida entera se transformará en una plegaria y cada espiración en una única oración: «Gracias». Cuando este divino fenómeno ocurre, te transformas en una puerta a la existencia, en un puente hacia el Todo.

Para finalizar, quisiera compartir contigo lo que yo considero como uno de los más bellos monumentos devocionales: *Śikṣāṣṭakam*, los ocho versos de Caitanya:

ceto-darpaṇa-mārjanaṁ bhava-mahā-dāvāgni-nirvāpaṇaṁ
śreyaḥ-kairava-candrikā-vitaraṇaṁ vidyā-vadhū-jīvanam
ānandāmbudhi-vardhanaṁ prati-padaṁ pūrṇāmṛtāsvādanaṁ
sarvātma-snapanaṁ paraṁ vijayate śrī-kṛṣṇa-saṅkīrtanam

Gloria al *saṅkīrtana* de *Śrī Kṛṣṇa* que limpia el espejo del corazón de todo el polvo acumulado por años y extingue el fuego de la vida condicionada de repetidos nacimientos y muertes. Este movimiento de *saṅkīrtana* es la bendición principal para toda la humanidad, pues difunde los rayos de la luna de la bendición, es la vida de todo el conocimiento trascendental, aumenta el océano de la bienaventuranza trascendental y nos capacita para saborear el néctar por el cual estamos siempre ansiosos.

nāmnām akāri bahudhā nija-sarva-śaktis
tatrārpitā niyamitaḥ smaraṇe na kālaḥ
etādṛśī tava kṛpā bhagavan mamāpi
durdaivam īdṛśam ihājani nānurāgaḥ

¡Oh, mi Señor! Solo tu santo nombre puede otorgarle toda clase de bendiciones a los seres vivientes; y por ello tú tienes cientos y millones de nombres, tales como Kṛṣṇa y Govinda; en estos nombres trascendentales has investido todas tus energías trascendentales y ni siquiera existen reglas estrictas ni difíciles para cantar estos nombres. ¡Oh, mi Señor! Tú eres tan bondadoso que nos has permitido acercarnos a ti fácilmente mediante el canto de tus Santos Nombres, pero yo soy tan desafortunado que no siento atracción por ellos.

tṛṇād api su-nīcena
taror iva sahiṣṇunā
amāninā māna-dena
kīrtanīyaḥ sadā hariḥ

Uno debe cantar el santo nombre del Señor en un estado mental humilde considerándose más bajo que la hojarasca de la calle, uno debe ser más tolerante que un árbol, estar desprovisto de todo sentimiento de vanidad y estar dispuesto a ofrecer pleno respeto a los demás. En tal estado mental, uno puede cantar el santo nombre del Señor constantemente.

na dhanaṁ na janaṁ na sundarīṁ
kavitāṁ vā jagad-īśa kāmaye
mama janmani janmanīśvare
bhavatād bhaktir ahaitukī tvayi

¡Oh, mi Señor!, no tengo ningún deseo de acumular riquezas, ni tampoco deseo bellas mujeres, ni quiero ninguna cantidad de seguidores. Lo único que quiero es tu servicio devocional sin causa, nacimiento tras nacimiento.

ayi nanda-tanuja kiṅkaraṁ
patitaṁ māṁ viṣame bhavāmbudhau
kṛpayā tava pāda-paṅkaja-
sthita-dhūlī-sadṛśaṁ vicintaya

¡Oh, hijo de *Mahārāja Nanda* [Kṛṣṇa]!, yo soy tu siervo eterno, pero de una u otra manera he caído en el océano del nacimiento de la muerte. Por favor, sácame de este océano de muerte y colócame como uno de los átomos de tus pies de loto.

nayanaṁ galad-aśru-dhārayā
vadanaṁ gadgada-ruddhayā girā
pulakair nicitaṁ vapuḥ kadā
tava nāma-grahaṇe bhaviṣyati

¡Oh, mi Señor! ¿Cuándo se adornarán mis ojos con lágrimas de amor fluyendo constantemente al cantar tu santo nombre? ¿Cuándo se me ahogará la voz y se erizará el vello de mi cuerpo al recitar tu nombre?

yugāyitaṁ nimeṣeṇa
cakṣuṣā prāvṛṣāyitam
śūnyāyitaṁ jagat sarvaṁ
govinda-viraheṇa me

¡Oh, Govinda! Sintiendo tu separación considero que un momento es como doce años o más. Lágrimas fluyen de mis ojos como torrentes de lluvia y en tu ausencia me siento completamente solo en el mundo.

āśliṣya vā pāda-ratāṁ pinaṣṭu mām
adarśanān marma-hatāṁ karotu vā
yathā tathā vā vidadhātu lampaṭo
mat-prāṇa-nāthas tu sa eva nāparaḥ

No conozco a nadie más que a *Kṛṣṇa* como mi señor y él lo seguirá siendo aunque me maltrate con su abrazo o me destroce el corazón al no estar presente ante mí. Él es completamente libre de hacer lo que quiera conmigo, pues es siempre mi Señor adorable sin ninguna condición. (*Śrī-caitanya-caritāmṛta*, «*Antya-līlā*», 20.12, 16, 21, 29, 32, 36, 39, 47).

Querido Prabhuji, de acuerdo con sus enseñanzas lo importante es deshacerse de la mente; sin embargo, me da la impresión de que careciendo de mente se complicaría mucho nuestra vida. ¿Sería tan amable de aclararme este punto?

Residir solo en la mente nos vuelve inexistentes. Vivimos de nostalgias y recuerdos, así como de esperanzas y sueños acerca de un futuro imaginario. En lugar de percibir «lo que es», vamos por la vida proyectando lo ilusorio sobre lo real. Al trascender la mente, recuperamos la libertad de existir en la realidad del presente y nos armonizamos con nosotros mismos, con los demás y con el universo entero.

Vivimos encadenados a la mente como si esta fuera nuestro amo. Trascender la mente implica servirnos de ella sin ser sus sirvientes. La mente nos resulta útil mientras no controle nuestras vidas. La mente finita debe servir a la consciencia infinita, no al revés. La esclavitud mental conduce al sufrimiento y la miseria, pero si somos los amos de nuestra propia mente, nuestra vida será divina. Mi consejo es que no nos apeguemos a la mente. La verdadera maestría se logra a través de la meditación. El *Dhammapada* declara:

> La mente es difícil de subyugar; ella es extremadamente sutil y tiene el hábito de correr detrás de sus fantasías. El sabio debe vigilarla atentamente; una mente controlada conduce a la real felicidad.
>
> La mente por naturaleza es dispersa, vagabunda e incorpórea; ella vive como si estuviese oculta en una cueva. Aquellos que logran vencerla se libran de los poderosos lazos de la ilusión.
>
> (*Dhammapada*, 3.4-5)

Superar la mente no significa dejar de emplearla, pero sí significa no dejarla encendida día y noche. Aunque es imprescindible para desenvolvernos en el mundo, funcionará con mayor eficiencia si le damos un poco de descanso. Debemos utilizarla solo cuando sea necesaria, y cuando no, olvidarla y solo **ser.** Deshacerse de la mente es liberarnos de su dominio y no permitir que nos controle. Podemos vivir con la mente, pero sin identificarnos con ella. Dominados por la mente, viviremos el infierno; siendo sus amos, nos descubriremos como la consciencia infinita.

Utilizo la mente para responder a tu pregunta, al igual que uso mis pies para caminar o mis manos para escribir, pero, al terminar, descanso en el silencio de la consciencia pura.

¿A qué se refiere usted cuando habla del condicionamiento humano?

Nuestra auténtica naturaleza se encuentra cubierta. Desde la más temprana edad, nos han envuelto en nombres, denominaciones, definiciones y conceptos acerca de lo que somos. Nos han vestido con un sinfín de convenciones sociales, producto de nuestra cultura. Dichas coberturas mentales no nos permiten percibir lo que realmente somos. No vivimos desde nuestra desnudez, sino desde las vestimentas hechas con lo que creemos ser. Fue en la ribera del sagrado río Yamunā donde Kṛṣṇa escondió las ropas de las *gopīs*, sus devotas vaqueras, y aceptó devolvérselas solo a quien se mostrara desnuda frente a él. Del mismo modo, el proceso espiritual consiste en aceptar desnudarnos frente a la existencia. Sin embargo, dicho desnudo debe nacer desde el amor; no puede ser impuesto, como en el caso de Draupadī, a la que los Kurus trataron de desnudar y fue salvada por Kṛṣṇa, quien le dio un sari interminable. Finalmente, recordemos aquel significativo momento en la vida de san Francisco de Asís, cuando se desnudó frente a sus padres, el obispo y los pobres.

El fenómeno egoico nos impulsa todo el tiempo a escondernos bajo nuestras ropas mentales. Pretendemos ocultar nuestra herida llamada «ego», no queremos ventilarla. Deseamos privacidad para continuar satisfaciendo libremente nuestras demandas y exigencias egoicas. La gente a menudo no se comporta igual en público que en la intimidad y pocos exponen lo que realmente piensan y sienten. De tanto cubrirnos bajo ropajes, olvidamos nuestra verdadera naturaleza. Por escondernos tan bien de los demás, nos resulta difícil encontrarnos.

En el Libro del Génesis, cuando el primer hombre y la primera mujer se encontraban en su más elevada pureza vivían totalmente desnudos, tal como realmente eran.

וַיִּהְיוּ שְׁנֵיהֶם עֲרוּמִּים הָאָדָם וְאִשְׁתּוֹ וְלֹא יִתְבֹּשָׁשׁוּ.
(בראשית ב', כ"ה)

Y ambos estaban desnudos, el hombre y su mujer, y no se avergonzaban.
(Génesis, 2:25).

Fue después de la caída cuando se percataron de su desnudez e intentaron cubrirse; así, estaban vestidos cuando fueron despojados del paraíso.

וַתִּפָּקַחְנָה עֵינֵי שְׁנֵיהֶם וַיֵּדְעוּ כִּי עֵירֻמִּם הֵם וַיִּתְפְּרוּ עֲלֵה תְאֵנָה וַיַּעֲשׂוּ לָהֶם חֲגֹרֹת.
(בראשית ג', ז')

Y fueron abiertos los ojos de ambos, y conocieron que estaban desnudos: entonces cosieron hojas de higuera, y se hicieron delantales.
(Génesis, 3:7).

El maestro vive en la más absoluta desnudez. Cual libro abierto, no oculta nada de nadie. Vemos, en 1 Samuel, que profetizar se relaciona con la desnudez.

וַיִּפְשַׁט גַּם־הוּא בְּגָדָיו וַיִּתְנַבֵּא גַם־הוּא לִפְנֵי שְׁמוּאֵל וַיִּפֹּל עָרֹם
כָּל־הַיּוֹם הַהוּא וְכָל־הַלָּיְלָה עַל־כֵּן יֹאמְרוּ הֲגַם שָׁאוּל בַּנְּבִיאִם.
(שמואל א׳, י״ט, כ״ד)

> Y él también se desnudó sus vestidos, y profetizó igualmente delante de Samuel, y cayó desnudo todo aquel día y toda aquella noche. De aquí se dijo: «¿También Saúl entre los profetas?».
>
> (I Samuel, 19:24)

Nacemos desprovistos de todo ropaje. Luego, la consciencia pura se cubre de ideas, pensamientos, conceptos y conclusiones. El condicionamiento humano está compuesto de las vestimentas sociales que cubren la consciencia. Meditar es observar nuestras vestimentas —físicas, mentales, emocionales y energéticas— y desvestirnos gradualmente. El proceso retroprogresivo es desnudar la consciencia. La iluminación es simplemente ser, permanecer en nuestra autenticidad y vivir despojados de toda vestimenta.

Querido Prabhuji, ¿qué podemos hacer nosotros para iluminarnos?

El libro del Génesis comienza así:

> (1) En el principio Dios creó los cielos y la tierra. (2) Pero la tierra estaba desolada y vacía; las tinieblas estaban sobre la faz del abismo y el espíritu de Dios revoloteaba sobre la superficie de las aguas. (3) Y dijo Dios: «Que haya luz», y hubo luz. (4) Y Dios vio que la luz era buena e hizo separar la luz de la obscuridad. (5) Y Dios llamó a la luz «Día» y a la obscuridad la llamó «Noche»; así, fue la tarde y fue la mañana: un día. (6) Y dijo Dios: «Que haya una expansión en medio de las aguas que separe unas de otras». (7) Y Dios creó esa expansión, dividiendo las aguas que estaban debajo y las que estaban sobre ellas. Y así fue. (8) Dios llamó a esa expansión «Cielos». Fue la tarde y la mañana el segundo día. (9) Dijo Dios: «Que se reúnan las aguas que están debajo de los cielos en un lugar y que aparezca lo seco», y así fue. (10) Dios llamó a lo seco «Tierra» y a la reunión de aguas la llamó «Mares», y vio Dios que era bueno. (11) Y dijo Dios: «Que se cubra la tierra de vegetación: de plantas, que den simiente según su especie y de árboles, que den frutos que contengan la simiente de cada especie». Y así fue. (12) Y la tierra se cubrió de vegetación, de plantas con simiente según su especie y de árboles

con frutos provistos de la simiente de cada especie. Y Dios vio que eso era bueno. (13) Y fue la tarde y la mañana el día tercero. (14) Y dijo Dios: «Que haya luminarias en la expansión de los cielos para separar el día de la noche, y que sirvan como señales para las estaciones, los días y los años. (15) Y serán lumbreras en la expansión de los cielos para dar luz a la tierra», y así fue. (16) E hizo Dios las dos grandes lumbreras: la lumbrera mayor que rige el día y la lumbrera menor que rige la noche además de las estrellas. (17) Y las puso Dios en la expansión de los cielos para dar luz a la tierra, (18) y para regir durante el día y durante la noche; así pues, separar la luz de la obscuridad. Y Dios vio que eso era bueno. (19) Y fue la tarde y la mañana el cuarto día. (20) Y dijo Dios: «Que proliferen en las aguas seres vivientes y que vuelen aves por encima de la tierra, en el espacio de los cielos». (21) Y Dios creó las grandes criaturas de las aguas, los seres vivientes que se arrastran y toda ave alada según su especie y Dios vio que eso era bueno. (22) Y los bendijo Dios, diciendo: «Procread y multiplicaos, colmad las aguas en los mares y que se multipliquen las aves en la tierra». (23) Y fue la tarde y la mañana el día quinto. (24) Y dijo Dios: «Que produzca la tierra seres vivientes

> según su especie: ganado, insectos, reptiles y animales de la tierra según su especie», y así fue. (25) E hizo Dios a los animales de la tierra según su especie, al ganado según su especie y a todo reptil que se arrastra sobre la tierra según su especie. Y vio Dios que era bueno.
>
> (Génesis, 1:1-25)

La luz del primer día es diferente a la que emiten las luminarias creadas en el cuarto día. Si prestamos atención al texto, veremos que Dios no crea o hace la luz, sino que solo dice: «Que **haya** luz», y hubo luz. Por el contrario, durante el proceso de la creación Dios ejecuta diferentes acciones: **separó** la luz de la obscuridad; **dividió** las aguas que estaban debajo y las que estaban arriba; **creó** las grandes criaturas de las aguas, los seres vivientes que se arrastran y toda ave alada, etcétera. Sin embargo, Dios no llevó a cabo ninguna acción relacionada con la primera luz, sino que esta apareció después de una **expresión** divina que reflejaba Su deseo.

Según Rabbi Sa'adiah ben Yosef Gaon, el versículo 3 se refiere a la luz de la gloria divina, y el hecho de que Dios **dijo** indica que Dios **quiso**. Cuando Dios desea la luz, no precisa hacerla, sino solo mencionarla.

El versículo 2 dice: «Pero la tierra estaba desolada y vacía; las tinieblas estaban sobre la faz del abismo...». La oscuridad se encuentra solo sobre la superficie, en el exterior. La luz yace en las profundidades de lo interior. No es necesario crearla, sino solo aspirar a ella para que se manifieste.

Dios crea, pero no hizo la luz del primer día, sino que tan solo la mencionó. Si la luz fuera una creación divina, sería imposible para nosotros crearla, porque el ser humano solo puede destruir, componer y arreglar, pero no crear. En el versículo 3, la Biblia nos confiere el poder de aspirar a la claridad. Nos dice que cuando anhelemos la luz, esta se manifestará desde las profundidades de las tinieblas. Aunque carecemos de la facultad de crear desde la nada, podemos desear la luz e iluminar la oscuridad.

El Rey David dice:

עוּרָה כְבוֹדִי עוּרָה הַנֵּבֶל וְכִנּוֹר אָעִירָה שָּׁחַר.
(תהלים נ"ז, ט')

> ¡Despierta, gloria mía! ¡Despertad, salterio y arpa! Que yo despertaré al alba.
> (Salmos, 57:8)

Basándose en este versículo, el rabino Joseph Karo abre el *Shulján Aruj* de la siguiente manera:

יתגבר כארי לעמוד בבוקר לעבודת בוראו, שיהא הוא מעורר השחר.
(שולחן ערוך,אורח חיים, סעיף א')

> Uno debe reunir fuerzas como un león para levantarse por la mañana para servir a su creador, de manera tal que sea uno mismo quien despierte, o ilumine, el amanecer.
> (*Shulján Aruj*, *Orej Jaim*, verso 1)

El *Shulján Aruj* comienza de manera similar a la Torá: levantarse por la mañana para continuar la misma labor del creador, la cual consiste en despertar o iluminar la mañana. Es decir, el ser humano puede despertar el amanecer, y si desea luz… ¡habrá luz! Luego, el rabino Yosef Karo ofrece la receta de cómo realizar dicha labor divina: manteniendo a Dios frente a uno mismo… siempre.

שִׁוִּיתִי יְהֹוָה לְנֶגְדִּי תָמִיד.
(תהילים טז', ח')

> He puesto al Señor delante de mí constantemente.
>
> (Salmos, 16:8)

Si realmente aspiras a la claridad, no tienes más que desearla. Solo debes seguir la sed de tu alma por la luz.

¿Cómo puedo controlar la mente o al menos aquietarla?

Esta pregunta es habitual porque muchos buscan aliviar la ansiedad causada por su constante actividad mental. Después de un arduo día de trabajo, desean encontrar la paz al llegar a su casa, pero la actividad mental no cesa. Anhelan que lleguen sus reparadoras vacaciones anuales, pero el ajetreo mental no se detiene ni siquiera entonces. Incluso mientras duermen, el ruido continúa en forma de sueños o pesadillas.

Patañjali dice esto en su escritura *Yoga Sūtra*: *yogaś citta-vṛtti-nirodhaḥ*, o «el yoga ocurre junto con la detención de la actividad mental». La mente no es un objeto sólido, sino una actividad; por eso, es posible disolverla. Se asemeja a un baile: cuando el movimiento se detiene, la danza simplemente desaparece. Asimismo, la mente es movimiento. La velocidad de los pensamientos le da a la mente una aparente solidez, al igual que las aspas del ventilador se ven como una circunferencia sólida debido a que giran con gran rapidez.

Si vemos una muchedumbre a distancia, no podemos reconocer a sus miembros. Ahora bien, cuando nos aproximamos, la masa se esfuma y los individuos se revelan. De la misma manera, si miramos la mente de cerca, vemos pensamientos en movimiento cual olas en el océano. Al observar el contenido mental, dejamos de identificarnos con los pensamientos y percibirlos como «nuestros». La atenta observación de la actividad mental nos revela nuestra auténtica naturaleza como consciencia.

Los pensamientos son reacciones verbales ante lo percibido. Debido a que las experiencias son temporales, nuestra memoria trata de retener las sensaciones que estas nos evocan. Así, verbaliza lo que nos pasa para perpetuarlo y comunicar las emociones. En cierto momento, la verbalización reemplaza la experiencia misma, algo así como aquellos turistas que se ocupan más en fotografiar que en disfrutar de los panoramas. Cuando era niño, solía ir de vacaciones con mi tío, al que le gustaba fotografiar todo. Siempre me parecía que él solo disfrutaba del mar y los árboles a través de su maquinita. Mientras todos los demás disfrutaban del viaje, él solo quería fotografiar. Yo sentía que él cambiaba las sensaciones por una colección de fotos. A menudo, solo recordaba los lugares y las experiencias después de ver sus álbumes. Así como una cámara fotográfica puede bloquear el paisaje, la mente puede impedir la experiencia. Es más importante dejar de verbalizar nuestros sentimientos que dominar la mente. Tal verbalización es uno de los principales obstáculos para la meditación.

En general, solo dejamos de verbalizar en circunstancias extremas. En situaciones peligrosas, el pensamiento pierde importancia y experimentamos la vida directamente. Quienes se ven atraídos por deportes extremos buscan esos momentos en los cuales su vida depende de cada reacción mínima; entonces, sus pensamientos se acallan y viven el momento de manera directa. Cuando restamos importancia a la vivencia presente, las palabras se manifiestan. Al verbalizar, dejamos de experimentar y comenzamos a interactuar con la vida desde nuestra memoria: vivimos el presente desde nuestro pasado. Situarse en el momento presente o la realidad requiere silencio mental.

Dado que, en realidad, la mente no existe, es imposible dominarla. Tampoco hay alguien más allá de la mente que pueda controlarla. Quien presuma de señorío sobre la mente no la ha trascendido, sino que ha logrado que una parte, el ego, controle a la otra. La realidad última es observación. A través de esta, la mente no se domina, pero desaparece. Desde la consciencia, nos percatamos de que toda actividad mental y emocional, como nubes cruzando el cielo, consiste solo en acontecimientos temporales. En realidad, no estamos limitados por la mente en sí, sino por la identificación con su contenido. Cuando esta identificación cesa, nuestra actividad mental o emocional no puede limitarnos.

Quien logra zafarse de su prisión mental no tiene nada para aquietar. En lugar de ser el dominador de tu mente, te aconsejo humildemente ser su observador. Para trascender la mente, debes instalarte en la consciencia y, desde allí, observar todo lo que sea observable. Siendo la fuente de toda virtud, la observación nos permite trascender la impureza. Desde el momento mismo en que observas, te sitúas en tu autenticidad.

Desecha todo lo que veas hasta que solo permanezca la observación, que obviamente no puede ser rechazada porque no hay nada ni nadie que la deseche. Todo esfuerzo por callar o dominar la mente consiste en una actividad superficial. Recuerda siempre que todo desarrollo espiritual actúa desde lo interior hacia lo superficial, y nunca al revés. Observar o meditar consiste en situarnos en nuestra naturaleza original. A través de la meditación, te reconocerás como un infinito y silencioso espacio.

וְהִסְתַּכֵּל בִּשְׁלֹשָׁה דְבָרִים וְאִי אַתָּה בָא לִידֵי עֲבֵרָה- דַּע מַה
לְמַעְלָה מִמְּךָ:
עַיִן רוֹאָה
וְאֹזֶן שׁוֹמַעַת,
וְכָל מַעֲשֶׂיךָ בַּסֵּפֶר נִכְתָּבִין.

(פרקי אבות ב', א')

Reflexiona sobre tres cosas y nunca cometerás pecados; conoce lo que está por encima de ti: un ojo que ve, y un oído que escucha, y todas tus acciones se registran en un libro.

(*Pirkei Avot*, 2.1)

La realidad no es una historia limitada al espacio y el tiempo. Para experimentarla, debemos trascender el cuerpo y la mente; es la consciencia la que trasciende el nacimiento y la muerte. Nuestra verdadera naturaleza es meditación, y cuando la presencia de la consciencia se reconoce, dejamos de identificarnos con la realidad objetual del cuerpo y la mente. Desaparecemos como algo o alguien para renacer como realidad última.

Querido Prabhuji, vemos que los maestros iluminados han sido muy diferentes entre sí. ¿Podría explicar cómo conservan la personalidad y comparten las enseñanzas de maneras tan distintas?

Tu pregunta presupone que las diferencias entre las personas provienen del ego y que quienes lo trascienden deben ser similares. Nada es más lejano de la realidad: la realización de nuestra auténtica naturaleza como «nadeidad» disuelve el yo pero no la individualidad.

Cuanto más egoístas somos, más nos asemejamos al resto de la humanidad. El ego se produce en masa; carece de originalidad. Reacciona ante diversas situaciones siguiendo los mismos patrones de conducta adquiridos. Solo cuando nos disolvemos en lo trascendental, nuestra singularidad puede expresarse.

El ego es una ilusión o apariencia: cuanto más nos aferramos a él, más nos desconectamos de la existencia. Al trascenderlo, morimos como una entidad falsa, pero no cesa nuestra existencia. Cuando dejamos de vivir desde el yo limitado, nos enraizamos en nuestro auténtico ser.

La personalidad es un conjunto de reacciones repetitivas y automáticas; es una colección de máscaras que cambiamos según la situación, disfraces que vestimos en diferentes circunstancias. Los adquirimos imitando a nuestros padres, familia, vecinos, amigos, profesores, jefes, cantantes favoritos y predicadores. La personalidad es solo el papel que interpretamos sobre el escenario de la sociedad; es una imitación, una expresión de nuestro condicionamiento y una exposición de lo adquirido a lo largo de la vida. Es solo una apariencia superficial que cubre nuestra autenticidad. Cuando el «yo soy» se disuelve, emerge una «seidad» eterna. Esta cualidad de **ser** es vital, pura, fresca e inmaculada. La oscuridad de nuestra personalidad desaparece ante la luz de nuestra individualidad.

Es imposible manifestar nuestra individualidad sin haber superado primero el condicionamiento. La individualidad no proviene de la sociedad, sino de las profundidades de la consciencia misma. Tal como su nombre indica, es indivisible e integral. Se manifiesta como una expresión de nuestra naturaleza intrínseca cuando el ego se trasciende. Para acceder a la individualidad, el autoconocimiento es imprescindible. Quien ha dejado de vivir desde la experiencia egoica puede ser único y original.

El despertar de nuestra individualidad consiste en la cima de la autorrealización. El ser iluminado se expresa a su manera y sigue su propio estilo; toca una melodía original y despliega su peculiar colorido. Aunque se refieran a la misma esencia, lo expresan de forma única. Cada uno experimenta la realidad única, pero comparte su experiencia con originalidad incomparable. Nunca caminará sobre este planeta otro Buda, Jesús, Kṛṣṇa, Śaṅkara o Baal Shem Tov. Jamás veremos a alguien como ellos, porque su individualidad fue única, original, inigualable e irrepetible.

Si bien es cierto que los egos pueden manifestar ciertas disparidades, incluso sus diferencias son muy similares. Por el contrario, las diferencias entre los seres iluminados son esenciales y sin precedentes. Encontramos una auténtica disimilitud entre un Caitanya bailando en las calles y un Buda sentado en silencio; entre un flautista como Kṛṣṇa y un líder como Moisés. Los seres que han logrado la unidad carecen de semejanzas entre sí y son inigualables.

Quien logra trascender y disolverse en el vacío simplemente **es.** Pero su **ser** es extremadamente singular, único, como nunca nadie fue o será. Lo que se disuelve o evapora es el ego; lo real permanece y se expresa como individualidad.

Los seres iluminados comparten un denominador común: la Verdad. Asimismo, cada mensaje posee un estilo propio y presenta un sendero peculiar que conduce hacia la eternidad.

Los caminos hacia el infinito son diversos; por lo tanto, es inútil tratar de encontrar similitudes. Aunque se refieren a la misma Verdad, son totalmente distintos. Si tratas de encontrar parecidos entre la Torá y el *Bhagavad-gītā* o entre el Corán y los *upaniṣads*, concluirás que uno de ellos es falso.

Al igual que diferentes colores forman una bella pintura, los numerosos senderos espirituales crean una maravillosa armonía; y es en dicha armonía donde todos se encuentran. Si escuchamos unas notas musicales fuera del contexto de su sinfonía, no disfrutaremos de la melodía. Si prestamos atención a un solo color, no podremos apreciar la pintura en su totalidad. Ahora bien, si nos atrevemos a observar la armonía creada por todas las individualidades, percibiremos la Verdad.

Hay quienes lo reverencian como a un maestro espiritual iluminado, pero en repetidas ocasiones le he oído rechazar con vehemencia dichos calificativos. ¿Podría explicar por qué le causa tanta incomodidad ser considerado un gurú?

A lo largo de la historia, los seres humanos han adorado a santos y profetas; los han situado en pedestales, alegando que el despertar no está al alcance de personas ordinarias. Quienes me consideren un «maestro iluminado» creerán que para ellos es imposible lograr las alturas de consciencia que describo; me adjudicarán erróneamente habilidades especiales que ellos creen carecer. Pero en realidad, soy un humano ordinario, simple y común. Como todos, he tenido aciertos y he cometido errores garrafales en mi vida. Solo soy un ser curioso que investiga la vida y a sí mismo, alguien que vive la aventura de explorar y cuestionar la existencia.

Además, simplemente temo perder amigos. Mientras me consideren una persona como cualquier otra, la conversación y el intercambio serán posibles. Podemos emprender juntos la aventura de investigar y explorar la existencia; encontrarnos para tomar un café y charlar acerca de los temas que nos apasionan, así como para analizar los senderos que nos trazaron los gigantes del espíritu. Pero desde el momento en que me consideren un iluminado, aceptarán mis palabras sin cuestionamiento alguno; no quedará lugar para la investigación ni para la amistad. Yo seré quien sabe y ellos, los ignorantes sumidos en la oscuridad. Desde el momento en que vistan un rosario con mi foto, nuestros diálogos se volverán monólogos; mis opiniones serán absolutas e irrefutables, y mis charlas serán consideradas como lecciones. Será el fin de la tertulia y dejarán de pensar para solo repetir mis palabras sin razonar. Sin embargo, no es mi intención actuar como los predicadores profesionales y los promotores religiosos lo han hecho durante generaciones. Mi labor es simplemente inspirar a los otros en su propia búsqueda.

«Hay quienes lo reverencian como a un maestro espiritual iluminado».

No soy un gurú, pero no puedo negarles a los otros que se consideren mis discípulos. Así como yo decido ser maestro o no, otros también pueden optar a ser discípulos si así lo desean. No tengo el derecho de aprobar o rechazar las opiniones ajenas hacia mi humilde persona. Cada uno cuenta con la libertad de pensar lo que le parezca y llegar a sus propias conclusiones. Hay quienes me considerarán un maestro iluminado y otros, un charlatán. Aunque respeto ambas opiniones, en realidad, no son de mi incumbencia. Por favor, considérenme como un simple «tipo» que se dedica a juntar palabras y a pintarlas. Prefiero que me cuenten entre los artistas, un músico que compone melodías y comparte lo que le ocurre a él con quien demuestre interés.

¿Por qué mi mente se resiste a meditar?

Es de esperar que tu mente se resista, porque la meditación es como un suicidio mental. Si aún piensas, eso es señal de que la meditación no ha acontecido.

La mente está siempre activa porque su esencia es el dinamismo; no es un objeto sólido, sino una actividad. Al igual que un baile, la mente es movimiento y, si se detiene, desaparece. No busques técnicas o métodos que pacifiquen la mente, porque mientras haya mente, no puede haber paz. La paz es la desaparición de la mente. En realidad, la mente no es más que una contracción en la consciencia; carece de existencia real.

Dices que la mente se resiste. Pero los pensamientos no son un obstáculo para la meditación, porque solo tienes que observar tu actividad mental. Cuando la observamos sin intervenir, el tiempo se desvanece y comprobamos que, aunque la mente se detenga, no dejamos de existir. Creemos ser la mente y hemos olvidado por completo nuestra realidad. Por eso, no vivimos de acuerdo con lo que realmente somos, sino con lo que creemos ser.

A diferencia del cerebro, la mente no es un producto de la naturaleza. El cerebro es un fenómeno orgánico, mientras que la mente es mecánica. El cerebro es una parte integral de nuestra fisiología; la mente es una creación de la sociedad: producto de la familia, la tradición, las costumbres, la religión institucionalizada y las ideologías. La sociedad forma nuestra mente, y así nos domina. Nuestra mente es controlada tanto por los políticos de turno como por la religión organizada. Trascenderla es liberarnos de un dominio ajeno sobre nuestra vida. Quien ha superado la mente usa el cerebro y piensa, libre de condicionamiento.

Cuando meditamos, la actividad mental disminuye y, a su vez, nace un temor. Dado que creemos ser la mente, experimentamos el miedo a morir. Patañjali menciona el temor a la muerte, o *abhiniveśāḥ*, como una de las cinco aflicciones humanas, que da origen a cualquier otro temor. Meditar es sabernos como vacío. Experimentar la nadeidad nos despierta a la realidad de nuestra inmortalidad. Cuando la mente se evapora, lo único que se disipa es el condicionamiento legado por innumerables generaciones. Es nuestro condicionamiento mental el que se resiste a la meditación; nuestra falsa identificación se rehúsa a morir. Ahora bien, cuando trascendemos la mente, nos espera un reencuentro con la vida y con nosotros mismos. Entonces, nos volvemos plenamente conscientes y absolutamente dichosos.

¿Cómo puedo mejorar mi manera de relacionarme con los demás?

Si analizamos nuestra manera de relacionarnos, tanto entre nosotros, así como con el mundo que nos rodea, nos surgirán una serie de preguntas: ¿Por qué hay tantos asesinatos, guerras y actos de terrorismo?, ¿por qué estamos arruinando el medioambiente?, ¿por qué somos incapaces de establecer relaciones sinceras con nuestros familiares y amigos?, ¿por qué nos cuesta relacionarnos con los demás sin crear conflictos, disputas y tensiones?

Las relaciones humanas son un conjunto de interacciones entre individuos, creadas mediante la comunicación, que son muy necesarias en nuestras vidas. Dichas relaciones constituyen lo que denominamos «sociedad».

El caos que reina en el mundo actual tiene su origen en el condicionamiento humano, que es la fuente de toda pena, confusión, contradicción, conflicto, miseria y sufrimiento. Como consecuencia, la humanidad está fracturada en diferentes naciones, lenguajes, culturas, ideologías, religiones y demás.

El conflicto y la discordia en la sociedad se deben a la manera desordenada con que nos relacionamos, que es, a su vez, un reflejo de nuestra desorganización interior. Para lograr la armonía, es necesario desarrollar autodisciplina. Pero no la disciplina que viene de la represión, sino la que nace del entendimiento de nosotros mismos y de nuestras relaciones con los demás.

Entender cómo nos relacionamos puede ser de gran ayuda para comprendernos, porque nuestras relaciones nos reflejan como espejos.

Al analizar nuestras relaciones, descubrimos que elaboramos imágenes de nosotros mismos y de los demás. Esta imagen mental supone un punto de referencia de nosotros mismos. Reemplazamos la información acerca de nuestra anatomía y fisiología con una imagen mental de nuestro aspecto físico. La autoimagen consiste en la visión personal que poseemos de nosotros; se trata de un autorretrato mental que incluye un conjunto de características, tales como habilidades, talentos, aptitudes, apariencia, virtudes, defectos, etcétera. Todas estas cualidades —ya sean reales o imaginarias— conforman la imagen de lo que creemos ser y constituyen nuestra propia identidad.

A través de la internalización y el almacenamiento de los juicios ajenos acerca de nosotros, hemos trazado un dibujo o esquema mental de nosotros.

Formamos esa autoimagen basándonos en las opiniones ajenas y en nuestras propias interpretaciones de dichas opiniones. En definitiva, la imagen mental constituye un esquema compuesto por las opiniones ajenas que registramos.

Asimismo, a partir de nuestra propia imagen creamos las imágenes de los demás. Como somos el punto de referencia, captamos a los otros de la misma manera que nos percibimos a nosotros mismos. Mientras nos concibamos como una imagen, concebiremos a los demás —incluso a Dios y la Verdad— como imágenes. De tal manera, que el complejo de las imágenes comienza y termina en nosotros mismos. En realidad, somos unos idólatras mientras nuestra vida se base en esta autoimagen.

Nuestra autoimagen se forma a partir de ideas y opiniones ajenas que hemos adquirido al relacionarnos con los demás. Los mayores colaboradores fueron nuestros padres, pero también participaron en ello nuestros familiares, profesores, compañeros, amigos y conocidos.

Desde muy temprana edad, nuestros seres queridos contribuyeron a la formación de una imagen con la cual nos hemos identificado. Nuestro comportamiento se formó a partir de reacciones de aprobación o de condena: ellos nos transmitieron con claridad qué debíamos hacer para ganarnos su aprecio siendo buenos chicos o chicas. ¿Acaso no recuerdan aquellas frases de nuestros padres, como: «¡Este no es el José Luis que yo conozco!»? Sin embargo, ese «José Luis» no era **yo,** sino una imagen, un papel que desempeñé en la vida para satisfacerlos.

De acuerdo con esas opiniones, creamos una imagen positiva o negativa de nosotros. A lo largo de la vida, continuamos acumulando percepciones y evaluándonos. De este modo, según las circunstancias, escogemos un papel —escritor, deportista, músico, político, hombre de negocios, marido, hijo, tío, etcétera— y nos identificamos con él.

Debido a que la imagen es fabricada con opiniones ajenas acerca de nosotros, esta no contiene nada real; se compone de conjeturas, suposiciones, hipótesis, deducciones, presunciones, sospechas, ficciones, ilusiones y expectativas. Nuestra imagen está desconectada del mundo de los hechos.

Esa autoimagen afecta a nuestro aspecto mental, emocional, físico y social. En función de esa imagen, elegimos a nuestros amigos, vestimentas, trabajos, carreras, gestos, vocabulario, lugares para frecuentar. Según nuestras necesidades, optamos por ser médicos, músicos, bailarines, pecadores o incluso religiosos. Nuestros triunfos nos llevan a crear una imagen de exitosos y nuestras derrotas, de perdedores. Así, respondemos a la vida según lo que creemos ser y no como realmente somos.

La imagen se compone de las percepciones sensoriales que almacenamos desde el mundo que nos rodea. Debido a que las percepciones de los sentidos son dinámicas, la imagen está en continua evolución. Por esta razón, aunque la imagen se forma principalmente en la infancia y la adolescencia, continúa desarrollándose a lo largo de nuestras vidas.

¿Por qué creamos imágenes? La mente crea imágenes porque es incapaz de conocer, categorizar o definir por completo a un ser humano. El ser humano es un misterio; este enigma amenaza a la mente, que se siente fuera de control sin poder objetualizar y, por ende, poseer algo. Las imágenes nos protegen de nuestra inseguridad y nos hacen sentir ilusoriamente a salvo. Sin ellas, sería como vivir todo el tiempo como el primer día en una nueva escuela o lugar de trabajo; escapamos del peligro de movernos en lo desconocido, para experimentar la sensación de seguridad y control de «conocer» a los demás.

De este modo, la imagen es un escape del dolor y el sufrimiento. Por ejemplo, quien sufre de soledad crea una imagen que le permite recibir la mayor atención posible. Motivado por esta necesidad de calor humano, desarrolla una imagen de artista u orador público.

Su complejo de inferioridad lo lleva a desarrollar una autoimagen de superioridad que ayuda a escapar del sufrimiento.

También nos formamos imágenes de los demás: conocemos a una persona —ya sea nuestra esposa, un hijo o un compañero de trabajo— y vamos acumulando todas sus palabras, tonos de voz, movimientos, actitudes, reacciones y momentos, ya sean molestas o placenteras, que vivimos con esa persona. Con el tiempo, creamos una imagen de ella formada por ese conjunto de percepciones memorizadas.

Las relaciones humanas son, de hecho, vínculos entre imágenes: cada uno se relaciona con el otro a partir de su autoimagen y se dirige a la imagen que ha creado de la otra persona. Así, siendo verdaderos idólatras, no nos percibimos a nosotros mismos ni a los demás.

Es imposible cultivar y desarrollar una verdadera relación entre imágenes. Si formamos nuestras imágenes a partir de vestimentas, acciones y palabras, es imposible llegar a relacionarnos de verdad. Las ideas y las conclusiones acerca de nuestros semejantes nos impiden saber quiénes son ellos en realidad.

Por lo tanto, mientras nuestras relaciones se basen en imágenes, no serán verdaderas. Cuando caiga toda representación, nos descubriremos y sabremos quiénes son los demás.

En realidad, los pronombres personales —tú, él, ella— son meros cúmulos de recuerdos. Por ejemplo, al sentir afecto por una determinada persona, en realidad me estoy apegando a toda una serie de incidentes y situaciones grabados en mi mente. ¿Acaso sé realmente a quién le digo: «Yo te amo»? Asimismo, ¿a quién rechazo cuando digo: «No te soporto»? Más aún, ¿sé siquiera a quién me refiero con la palabra *yo* que tanto uso? La función mental de registrar y grabar es imprescindible para nuestra supervivencia; sin embargo, es un obstáculo a la hora de relacionarnos.

Como consecuencia, la humanidad está dividida y fracturada. ¿Cómo puede un judío conocer realmente a una persona musulmana mientras conserve el prejuicio de que todos los árabes son terroristas sanguinarios que causan dolor y sufrimiento a víctimas inocentes? A su vez, ¿cómo puede un árabe ver a un judío, tal como es, si piensa que todos ellos son criminales? Cuando desterremos las imágenes que hemos creado de los demás, lograremos la paz verdadera, y pondremos fin al racismo y la xenofobia.

Elaboramos imágenes buscando refugio, pero, al final, estas terminan coartando nuestra libertad. Con el correr del tiempo, solo podremos comportarnos de acuerdo con la imagen que hemos creado. En esta vida, todo lo que comienza brindándonos una sensación de seguridad termina limitándonos.

Con los años, nos sentiremos encerrados y asfixiados dentro de los gruesos muros de la imagen que hemos construido para sentirnos protegidos. La seguridad limita, y mientras más seguros queramos estar, más nos aislaremos y desconectaremos de la vida.

Para proteger nuestra imagen, creamos un poderoso sistema defensivo y rechazamos o ignoramos todo aquello que pueda dañarla. Al final, no vivimos de acuerdo con lo que somos, sino con lo que creemos ser. Si permanecemos vigilantes, tanto cuando se nos ofende como cuando se nos elogia, el insulto o la adulación nos resultarán indiferentes. Lo que llamamos *mokṣa,* o 'liberación', es liberarse de esta imagen, y la autoinvestigación o *ātma-vicāra* no es buscar determinada imagen, sino descubrir «quién soy yo».

El problema no es pensar, sino la elaboración de imágenes mediante el pensamiento. La imagen es «el pensador» que se mantiene a través de la memorización. Como las imágenes son pasado, obstruyen la realidad y nos mantienen en una plataforma ilusoria forjada con recuerdos y fantasías. Mientras vivimos de acuerdo con esas imágenes, estamos desconectados del presente, de la realidad y del mundo de los hechos.

A fin de establecer relaciones reales, debemos destruir la imagen que poseemos acerca de nosotros mismos y de los demás, lo que implica nuestra autodestrucción como personas. Dicha aniquilación debe poner fin también al mecanismo que alimenta la imagen; de lo contrario, una nueva imagen no tardará en emerger. El proceso de eliminación se realiza mediante la observación del fenómeno y la atención alerta. Si somos capaces de percibir el mundo sin grabar y memorizar, podremos movernos en la vida sin crear representaciones propias o de otros.

Elaboramos imágenes mentales por la falta de atención. Nuestras relaciones deben basarse en la observación en el presente, y no en los registros mentales del pasado. El pensamiento mismo es un resultado de la memoria, la experiencia, el conocimiento limitado y la carencia de atención. Al concentrarnos, decrece la actividad mental y, en un estado consciente, no formamos imágenes.

Muchos se aproximan al maestro porque la imagen que han confeccionado de sí mismos armoniza con un *āśram*, el yoga, la ropa, el arte, el incienso, los nombres en sánscrito, etcétera. En general, las personas de este tipo elaboran rápidamente una imagen del gurú.

Sin embargo, muy pocos nos acercamos a un maestro anhelando ver y buscando la ayuda de alguien que pueda señalarnos aquellas dolorosas heridas internas que hemos tratado de ignorar. El maestro no alimentará la imagen ni satisfará los deseos de ella; muy al contrario, llevará la atención hacia aquellos dolorosos lugares del pasado y nos invitará a observar.

Si nos entregamos al maestro con el propósito oculto de alimentar nuestra imagen, no soportaremos su presencia y, finalmente, lo abandonaremos. De un modo opuesto, si queremos **ver,** con toda seguridad seremos bendecidos con la gracia de la observación.

La psicología ofrece valiosos instrumentos que mejoran la autoestima y refuerzan nuestra propia imagen. El psicólogo nos puede ayudar a convertir en positiva la manera en la cual nos conceptualizamos, y a encaminarnos hacia lo normal para funcionar dentro de la sociedad. Sin embargo, la labor del maestro es llevarnos a lo supranormal, a trascender la imagen, a ir más allá y liberarnos por completo de dicha imagen. Mientras elaborar y mantener imágenes nos pone en riesgo de ser lastimados u ofendidos, vivir sin ellas nos permite experimentar la libertad y la paz.

Vivir sin imágenes supone experimentar el mundo sin registrar, acumular o almacenar nuestras experiencias; es observar la realidad sin memorizar nuestras percepciones.

Si deseamos observar un árbol, todo pensamiento, interpretación o idea acerca del árbol nos impedirá observarlo directamente. Vivir sin imágenes significa vivir meditativamente, observando sin reaccionar o memorizar.

La percepción clara de la realidad requiere un completo silencio interior y una total limpieza de pensamientos. La imposición de nuestra memoria sobre lo observado nos resta claridad. No podemos observar con el filtro de nuestros recuerdos, de situaciones, momentos, discusiones, ofensas, etcétera. La atención implica mirar sin tratar de alterar lo observado.

Estar presentes, completamente atentos y vigilantes de la realidad de este instante, implica la desaparición de la imagen que hemos confeccionado de nosotros mismos. Nuestra muerte como imágenes ocurre al situarnos en el presente. En el *Bhagavad-gītā*, Kṛṣṇa dice:

na tv evāhaṁjātunāsaṁ
natvaṁ neme janādhipāḥ
nacaivanabhaviṣyāmaḥ
sarvevayamataḥparam

Nunca hubo un tiempo en el que yo, ni tú, ni estos reyes no existieran; y en el futuro, ninguno de nosotros dejará de existir.

(*Bhagavad-gītā*, 2.12)

Kṛṣṇa se refiere tanto a su propia existencia individual como a la de los demás, dentro del contexto del pasado y el futuro, sin mencionar el presente. Lo que somos ahora no acepta definición. El aquí y el ahora constituyen el ácido que deshace toda imagen.

Al referirnos al momento presente, creemos que es una unidad de tiempo relacionada con el pasado y el futuro. Sin embargo, si lo analizamos con mayor detenimiento veremos que no tenemos claro en qué consiste lo que denominamos «ahora».

Percibimos el ahora como la transición del pasado al futuro. Pero ¿cómo podríamos definir el presente en sí sin relacionarlo con el ayer y el mañana?

Por ejemplo, si tomamos el presente como una unidad de tiempo, podríamos referirnos al año presente. Si corre el mes de marzo, los meses de enero y febrero ya son pasado, aunque estén dentro del presente año, y los siguientes meses son futuro. De tal manera que, para designar el presente, deberíamos tomar un lapso más corto.

Tomemos el presente mes; pero en el mes que corre, algunos días pertenecen al pasado y otros forman parte del futuro. Escojamos, pues, un día; si nos referimos al día como una unidad de tiempo presente, veremos que sucede lo mismo con las horas. Entonces, tomemos esta hora, pero pasará igual con los minutos. Tomemos la unidad de tiempo denominada «minuto» como el momento presente; sin embargo, veremos que también el minuto se compone de segundos que son pasados y otros, futuros. Lo mismo ocurre con el presente segundo, y así entramos en una regresión infinita.

Podemos denominar a una unidad de tiempo como «puro pasado» o «puro futuro». Por ejemplo, el año pasado pertenece por completo al ayer; el año que viene, al mañana. Pero ¿a qué podríamos denominar «todo presente»? Toda unidad que elijamos como presente, podríamos, a su vez, subdividirla. Parece como que no existe una unidad de tiempo carente por completo de ayer y mañana a la que podamos llamar «ahora».

Si buscamos el presente como una unidad de tiempo libre de pasado y futuro, llegaremos a un tiempo carente de dimensión. Un «ahora» que podría ser subdividido en pasado y futuro no sería presente puro. Es decir, el tiempo presente es aquel tiempo que no puede subdividirse.

Podríamos pensar que nada puede existir sin tiempo. Sin embargo, en el momento indivisible encontramos la consciencia única que trasciende los conceptos de tiempo y espacio. El presente es consciencia, y estar plenamente consciente implica situarnos en el ahora.

La atención es posible solo en el presente. No podemos estar atentos al pasado o al futuro, porque están hechos de recuerdos e imaginaciones, que carecen de consciencia. Al llegar a la unidad indivisible, nos posaremos en la consciencia. La naturaleza esencial del presente es consciencia. Vivir en el presente es ser conscientes.

Al igual que el «ahora», el punto que llamamos *aquí* puede ser partido infinitamente: ambos carecen de dimensiones. Así como la búsqueda del «ahora» nos demuestra que el presente no es una unidad de tiempo, perseguir el «aquí» nos hace conscientes de que todo «allá» es ilusorio. Por ejemplo, cuando movemos un jarro, parece que el espacio contenido en él se mueve también; pero el espacio interior no es diferente del exterior. Ese vacío interno constituye su aspecto oceánico, que todos tenemos. Dentro de nuestras periferias física, mental y emocional, poseemos un «aquí» que constituye el centro de nuestra existencia. El «aquí» y el «ahora» son otras maneras de referirnos a la consciencia.

Ya que vivimos profundamente enraizados en el ayer, la imagen que hemos elaborado es añeja. Aunque nos movemos en el presente, lo hacemos desde un pasado, desde «lo que fue». La realidad es el presente, pero como imágenes somos memoria. Vemos solo el pasado y el futuro y consideramos el ahora como un mero punto imaginario entre el ayer y el mañana. El pasado nos parece real, porque reside en la memoria y el futuro se materializa con nuestras esperanzas. No obstante, es imposible atrapar la realidad del presente. A diferencia del pasado —que almacenamos en nuestra memoria— o el futuro —que mantenemos en nuestra imaginación—, el presente se nos escapa entre los dedos y no puede ser poseído o conservado. Cuando deseamos percibir el ahora, es aún futuro, y si logramos atraparlo, ya es pasado. Cuando ambicionamos experimentar el ahora, pertenece al mañana, y al darnos cuenta de que lo experimentamos, ya forma parte de nuestro ayer. La imagen es pensamiento y, por ende, tiempo. Por el contrario, nuestra realidad es atención que implica consciencia. La imagen no conoce el ahora porque el presente es consciencia.

Para la persona corriente, el presente es ilusorio y lo único real son el pasado y el futuro. Sin embargo, para el iluminado, el ahora es todo lo que existe. Junto con la realización de nuestra auténtica naturaleza, el ayer y el mañana pierden su realidad y el presente se torna verdadero.

Vivimos en la imagen que hemos creado de nosotros mismos y a través de ella. Dicha imagen es memoria, un cúmulo de recuerdos. Es un cadáver hecho de lo que deseamos hacer y no logramos; contiene nuestras frustraciones, ambiciones pasadas, sueños inconclusos. La imagen está muerta y, por ende, no nos permite contactarnos con la vida misma. Esta constituye un distanciamiento de la realidad que nos aísla de la existencia.

Dado que la imagen está compuesta de pasado, se aferra al ayer, retiene lo conocido, aprisiona lo sabido. Protegiendo el pasado, en realidad la imagen se protege a sí misma. El futuro no consiste más que en una proyección de lo remoto, un ayer con algunas modificaciones. La vida es impredecible; sin embargo, la imagen se escapa a lo que fue y busca que se repita.

Encadenados por la imagen, reaccionamos sujetos a patrones de conducta. Ante determinadas situaciones, nos enojamos u ofendemos. Sin embargo, no somos **nosotros** quienes reaccionamos. Esas expresiones surgen de nuestra memoria. Creemos ser el origen de nuestras maneras de actuar, por lo que tratamos de racionalizarlas. En esos intentos, culpamos a los otros de nuestro enojo, tensión o tristeza. En realidad, no reaccionamos por culpa del prójimo, sino que este solo nos sirve de excusa para racionalizar nuestro comportamiento.

En nuestra madurez espiritual, dejamos de culpar a los otros por nuestras emociones y comportamientos. Buscar excusas es tomar la dirección equivocada, la cual nos mantendrá en la superficie. Si miramos en nuestro interior en lugar de perseguir a los que consideramos culpables de nuestra tristeza, miseria, rabia, rencor o enojo, lograremos encontrar el origen del dolor.

Nuestras reacciones provienen del ayer, de la imagen que hemos creado. Si dirigimos nuestra atención hacia el pasado, podremos adquirir consciencia de las causas del sufrimiento. Aquellas heridas pueden sanar si las observamos con vigilia, porque son meros productos de la inconsciencia, la ilusión y el sueño.

Nuestras reacciones se originan en rincones oscuros del inconsciente. Cuando observamos esos recodos, la consciencia actúa como un poder curativo. De hecho, lo único que puede liberarnos del pasado es la consciencïación: ser testigos de nuestro inconsciente hasta liberarnos del cautiverio del pasado. Vivir desde la imagen que hemos creado es dejar que el pasado viva en nuestro lugar; es aceptar el yugo de lo añejo sobre nosotros. Ahora bien, si nos liberamos del cautiverio del ayer, seremos capaces de descubrir el presente. La autoimagen es solo un baúl de pasado y futuro que almacena lo que ya ocurrió y lo que todavía no ha ocurrido. Por ello, mientras sigamos enmascarados será imposible acercarnos al presente.

Al experimentar tristeza, dolor, pena, celos, violencia o depresión, observa tu interior. En la medida en que penetres en tu imagen, retrocederás en el tiempo. No hagas nada, solo observa atentamente, sin reaccionar. Si juzgas, no podrás observar porque esos sentimientos se escapan al inconsciente cuando se les condenada. Si tu imagen se siente acusada, se ocultará nuevamente. Asume la posición del testigo y solo observa, compasivamente y sin intervenir.

Nuestro desvanecimiento como imagen únicamente puede ocurrir al situarnos en el presente y percibir la realidad, libres de reacciones o interpretaciones.

Meditación es observarnos en silencio. Para tal efecto, no se precisa acción alguna, ya que todo esfuerzo proviene de nuestra imagen de «hacedores». Situarnos en el momento presente y observar implica una profunda alquimia interior. Optar por una observación del mundo, en lugar de optar por una reacción ante él, es el gran cambio: la transformación del «hacedor» en «testigo». Meditar es contemplarnos sin objetualizarnos mientras experimentamos la presencia de lo que realmente somos, aquí y ahora.

¿Puede ayudarme a entender el concepto budista del vacío?

La vacuidad o *śūnyatā* (*suññatā* en pali) es uno de los temas fundamentales del budismo. Occidente entiende el vacío como ausencia o carencia de algo, mientras que Oriente lo ve como presencia, o la existencia del espacio y el silencio.

Cuando visualizamos una habitación, pensamos en su estructura —muros, puertas, ventanas y techo—, pero no en su hueco interior, sin el cual no podríamos habitarla. Asimismo, cuando vemos una pintura, prestamos atención a las formas pero no al vacío del trasfondo, aunque su ausencia haría las formas indiscernibles.

Imaginemos un cuchillo de cocina que está compuesto de un mango de madera y una hoja de acero afilada. Con el uso, el mango se rompe y lo reemplazamos por uno nuevo. Al cabo de unos años, el filo se desgasta y le ponemos uno nuevo. Aunque hemos cambiado cada una de sus partes, aún lo consideramos el mismo objeto. Pero... ¿dirías que se trata del cuchillo original? Más aún, ¿existe realmente ese cuchillo, o solo se trata de una conceptualización mental? El mango hace unos años era parte de un árbol, que antes era solo una semilla alimentada por agua y nutrientes; tampoco la hoja existía, sino que era metal enterrado en las profundidades de la tierra. Ambos elementos tienen una existencia temporal y cambian constantemente.

La variedad pertenece solo al plano superficial. Existen diferencias entre un vaso, una taza, un balde y una olla, pero no entre sus espacios interiores. Este vacío interno tampoco difiere del externo. Cuando una botella se rompe, vemos que ambos no son diferentes. Ante la botella destrozada, se evapora la ilusoria experiencia de interior y exterior. La vacuidad no se refiere solo a una mera falta de materia, sino a la ausencia de una entidad que es independiente de todo objeto o fenómeno. Según lo que hemos comentado, los objetos y entidades solo existen porque la mente los define como tales.

Una persona nos parece una unidad uniforme. Sin embargo, su cuerpo no es más que una interacción de células, órganos, huesos y carne formados por sustancias que cambian constantemente; por lo tanto, no es el mismo que fue ayer ni el que será mañana. También su mente es un continuo fluir de ideas y sentimientos que cambian sin cesar. En realidad, dicho «alguien» solo existe en el envoltorio exterior o en la vestimenta.

Aunque cambiamos a cada momento, creemos poseer una misma identidad a lo largo de nuestra vida; pero nos es imposible identificar con exactitud aquello que denominamos «yo», porque este concepto egoico pertenece a la superficie. Nuestra realidad interior no es sólida, sino solo una presencia. Nacemos, vivimos y desaparecemos en el espacio infinito de la consciencia. Al igual que el movimiento de las olas no afecta a las profundidades del mar, nuestras acciones, palabras y pensamientos no nos influencian como vacuidad imperturbable. Todo dinamismo ocurre en la superficie, es decir, a nivel físico, mental y emocional. Nuestras acciones, ya sean mundanas o espirituales, no degradan ni purifican el vacío interior. La acción sacra decora las paredes externas del edificio; la profana, las mancha. Sin embargo, tanto los adornos como la suciedad son externas, mientras que el interior es imperturbable. Este vacío absoluto, en el que todo ocurre, permanece intocable.

En el transcurso de nuestras vidas, la palabra *yo* es sin duda la que más utilizamos. En el pensamiento clásico, el yo corresponde a un alma o al sujeto que habla, pero nadie ha logrado localizarlo. Lo cierto es que no existe tal cosa como un yo autónomo; somos parte de un yo infinito omnipresente. El fenómeno egoico consiste en considerarnos un ente separado. Sin embargo, nuestra existencia no es independiente en ningún aspecto: físicamente, dependemos del agua, el aire, los alimentos y el sueño; nuestra vida depende de la de nuestros ancestros, así como de las flores, los árboles, las estrellas y el planeta. Cuando nos consideramos entes independientes, nos limitamos y minimizamos.

El problema yace en la manera en que se nos ha programado para percibir el mundo que nos rodea. Nuestros sentidos dividen la realidad en sujeto y objeto. Percibimos que las cosas poseen cierta sustancialidad. Ahora bien, si buscamos un «yo» independiente, solo encontraremos vacuidad. Las personas que conocemos constituyen conceptos o ideas que catalogamos como «alguien». Dicho concepto es muy difícil de superar mientras concibamos el mundo únicamente desde una perspectiva dual. La iluminación consiste en moverse en el mundo sin un ego, siendo partes integrales de la totalidad.

El budismo niega la solidez o sustancialidad, pero no la existencia del universo y el Ser. Al vaciar el agua de la botella, la estarás llenando de vacuidad. La vacuidad no es sinónimo de inexistencia o carencia, sino que implica plenitud. Si nos vaciamos de odio, nos llenaremos de paz. Si nos vaciamos de palabras, nos llenaremos de silencio. La paz verdadera se manifiesta junto con el descubrimiento de que el «yo» no existe. Después de trascender el fenómeno egoico, no queda nada que defender o promover, y se experimenta la nada absoluta. Todo esfuerzo por conseguirla es fútil. Una vez superada la contradicción entre el todo y la nada, despertamos a nuestra naturaleza original. Vaciándonos, nos colmaremos de plenitud.

Prabhuji

S.S. Avadhūta Śrī Bhaktivedānta Yogācārya
Ramakrishnananda Bābājī Mahārāja

SOBRE PRABHUJI

Prabhuji es escritor, pintor, *avadhūta*, creador del Yoga Retroprogresivo y maestro espiritual realizado. En el año 2011, decidió retirarse de la sociedad y adoptar una vida eremítica. Desde entonces, sus días transcurren en soledad, orando, escribiendo, pintando y meditando en silencio y contemplación.

Prabhuji es el único discípulo de S.D.G. Avadhūta Śrī Brahmānanda Bābājī Mahārāja, quien es a su vez uno de los más cercanos e íntimos discípulos de S.D.G. Avadhūta Śrī Mastarāma Bābājī Mahārāja.

Prabhuji fue designado como sucesor del linaje por su maestro, quien le confirió la responsabilidad de continuar el sagrado *paramparā* de *avadhūtas*, designándolo oficialmente como gurú y ordenándole servir como sucesor Ācārya con el nombre S.S. Avadhūta Śrī Bhaktivedānta Yogācārya Ramakrishnananda Bābājī Mahārāja.

Prabhuji es también discípulo de S.D.G. Bhakti-kavi Atulānanda Ācārya Mahārāja, quien es discípulo directo de S.D.G. A.C. Bhaktivedānta Swami Prabhupāda.

El hinduismo de Prabhuji es tan amplio, universal y pluralista que a veces, haciéndole honor a su título de *avadhūta*, sus enseñanzas vivas y frescas trascienden los límites de toda filosofía y religión, incluso la suya propia. Sus enseñanzas promueven el pensamiento crítico y nos llevan a cuestionar afirmaciones que suelen aceptarse como ciertas. No defienden verdades absolutas, sino que nos invitan a evaluar y cuestionar nuestras propias convicciones. La esencia de su sincrética visión, el Yoga Retroprogresivo, es el autoconocimiento y el reconocimiento de la consciencia. Para él, el despertar de la consciencia, o la trascendencia del fenómeno egoico, constituye el siguiente nivel del proceso evolutivo de la humanidad.

Prabhuji nació el 21 de marzo de 1958 en Santiago, capital de la República de Chile. Una experiencia mística acaecida a la edad de ocho años lo motivó a la búsqueda de la Verdad, o la Realidad última, transformando su vida en un auténtico peregrinaje tanto interno como externo. Ha consagrado su vida por completo a profundizar en la temprana experiencia transformativa que marcó el comienzo de su proceso retroevolutivo. Ha dedicado más de cincuenta años a la investigación y la práctica de diferentes religiones, filosofías, vías de liberación y senderos espirituales. Ha absorbido las enseñanzas de grandes yoguis, pastores, rabinos, monjes, gurús, filósofos, sabios y santos a quienes visitó personalmente durante sus años de búsqueda. Ha vivido en muchos lugares y ha viajado por el mundo sediento de la Verdad.

Desde muy pequeño, Prabhuji notó que el sistema educativo le impedía dedicarse a lo que era realmente importante: aprender sobre sí mismo. A pesar de la insistencia de sus padres, dejó de asistir a la escuela convencional a los 11 años y se dedicó a la formación autodidáctica. Con el tiempo, se convertiría en un serio crítico del sistema educativo actual.

Prabhuji es una autoridad reconocida en la sabiduría oriental. Es conocido por su erudición en los aspectos *vaidika* y *tāntrika* del hinduismo, así como en todas las ramas del yoga (*jñāna*, *karma*, *bhakti*, *haṭha*, *rāja*, *kuṇḍalinī*, *tantra*, *mantra* y demás). Su actitud hacia todas las religiones es inclusiva y conoce profundamente el judaísmo, el cristianismo, el budismo, el islam, el sufismo, el taoísmo, el sijismo, el jainismo, el shintoismo, el bahaísmo, la religión mapuche y demás. Aprendió acerca de la religión drusa directamente de los eruditos Salach Abbas y Kamil Shchadi.

Prabhuji estudió profundamente la teología cristiana con S.S. Monseñor Iván Larraín Eyzaguirre en la Iglesia de la Veracruz en Santiago de Chile y con Don Héctor Muñoz, diplomado en teología de la Universidad Católica de la Santísima Concepción.

Su curiosidad por el pensamiento occidental lo llevó a incursionar en el terreno de la filosofía en todas sus diferentes ramas. Profundizó en especial en la Fenomenología Trascendental y la Fenomenología de la Religión. Tuvo el privilegio de estudiar intensivamente por varios años con su tío Jorge Balazs, filósofo, investigador, escritor y autor de *El ciervo de oro*. Estudió en privado por algunos años con el Dr. Jonathan Ramos, reconocido filósofo, historiador y profesor universitario licenciado de la Universidad Católica de Salta, Argentina. Estudió también con el Dr. Alejandro Cavallazzi Sánchez, licenciado en filosofía por la Universidad Panamericana, maestro en filosofía por la Universidad Iberoamericana y doctor en Filosofía por la Universidad Nacional Autónoma de México (UNAM).Prabhuji posee un doctorado en filosofía *vaiṣṇava* del respetable Instituto Jiva de Vrindavan, India, y un doctorado en filosofía yóguica recibido de la Yoga Samskrutum University.

Sus estudios profundos, las bendiciones de sus maestros, sus investigaciones en las sagradas escrituras, así como su vasta experiencia docente, le han hecho merecedor de un reconocimiento internacional en el campo de la religión y la espiritualidad.

Su búsqueda espiritual lo llevó a estudiar con maestros de diversas tradiciones y viajar lejos de su Chile natal a lugares tan distantes como Israel, India y Estados Unidos. Prabhuji estudió hebreo y sánscrito para profundizar en las sagradas escrituras. También estudió pali en el Centro de Estudios Budistas de Oxford. Además, aprendió latín y griego antiguos con Javier Álvarez, licenciado en Filología Clásica por la Universidad de Sevilla.

Su padre, Yosef Har-Zion ZT"L, creció bajo una estricta disciplina porque era hijo de un suboficial mayor de carabineros. Como reacción a la educación que recibió, Yosef decidió educar a sus propios hijos con libertad completa y amor incondicional. Prabhuji creció sin presión alguna. Desde sus primeros años, su padre siempre le mostró el mismo amor, más allá de sus éxitos o fracasos en la escuela. Cuando Prabhuji decidió dejar la escuela para dedicarse a su búsqueda interior, su familia lo aceptó con profundo respeto. Desde los diez años, Yosef le hablaba de la espiritualidad hebrea y la filosofía occidental. Solían entablar conversaciones acerca de la filosofía y la religión, durante días enteros, hasta altas horas de la noche. Yosef le ofreció apoyo en lo que deseara hacer en su vida y siempre lo ayudó en su búsqueda de la Verdad. Prabhuji fue el auténtico proyecto de libertad y amor incondicional de su padre.

Desde muy temprana edad y por propia iniciativa, Prabhuji comenzó a practicar karate y a estudiar filosofía oriental y religiones de manera autodidacta. Durante su adolescencia, nadie interfería con sus decisiones. A los 15 años, entabló una profunda, íntima y larga amistad con la famosa escritora y poeta uruguaya Blanca Luz Brum, quien fuera su vecina en la calle Merced en Santiago de Chile. Viajó por todo Chile en busca de gente sabia e interesante de la que aprender. En el sur de Chile, conoció a machis que le enseñaron la rica espiritualidad y el chamanismo mapuches.

Dos grandes maestros contribuyeron en el proceso retroprogresivo de Prabhuji. En 1976, conoció a su primer Gurú, S.D.G. Bhakti-kavi Atulānanda Ācārya Swami, a quien llamaría Gurudeva. En aquellos días, Gurudeva era un joven *brahmacārī* que ocupaba el cargo de presidente del templo de ISKCON en Eyzaguirre 2404, Puente Alto, Santiago, Chile. Años más tarde, dio a Prabhuji la primera iniciación, la iniciación brahmínica y finalmente, inició a Prabhuji en la orden sagrada de renuncia llamada *sannyāsa* dentro de la Brahma Gauḍīya Saṁpradāya. Gurudeva lo conectó con la devoción a Kṛṣṇa. Le impartió la sabiduría del *bhakti-yoga* y le instruyó en la práctica del *māhā-mantra* y el estudio de las sagradas escrituras.

En 1996, Prabhuji conoció a su segundo maestro, S.D.G. Avadhūta Śrī Brahmānanda Bābājī Mahārāja en Rishikesh, India. Guru Mahārāja, como lo llamaría Prabhuji, le reveló que su propio gurú, S.D.G. Avadhūta Śrī Mastarāma Bābājī Mahārāja, le había dicho años antes de morir que una persona vendría del Occidente y le solicitaría ser su discípulo. Le ordenó aceptar solo y únicamente a ese buscador específico. Cuando preguntó cómo podría identificar a esta persona, Mastarāma Bābājī le respondió: «Lo reconocerás por sus ojos. Debes aceptarlo porque será la continuación del linaje».

Desde su primer encuentro con el joven Prabhuji, Guru Mahārāja lo reconoció y lo inició oficialmente en el *māhā-mantra*. Para Prabhuji, esta iniciación marcó el comienzo de la etapa más intensa y madura de su proceso retroprogresivo. Bajo la guía de Guru Mahārāja, estudió *vedānta advaita* y profundizó en la meditación.

Guru Mahārāja guio a Prabhuji en sus primeros pasos hacia el sagrado nivel del *avadhūta*. En marzo del 2011, S.D.G. Avadhūta Śrī Brahmānanda Bābājī Mahārāja ordenó a Prabhuji, en nombre de su propio maestro, aceptar la responsabilidad de continuar el linaje de *avadhūtas*. Con dicho nombramiento, Prabhuji es el representante oficial de la línea de esta sucesión discipular para la presente generación.

Además de sus *dikṣā-gurus*, Prabhuji estudió con importantes personalidades espirituales y religiosas como S.S. Swami Dayananda Sarasvatī, S.S. Swami Viṣṇu Devānanda Sarasvatī, S.S. Swami Jyotirmayānanda Sarasvatī, S.S. Swami Pratyagbodhānanda, S.S. Swami Swahananda de la Ramakrishna Mission y S.S. Swami

Viditātmānanda de la Arsha Vidya Gurukulam. La sabiduría del tantra fue despertada en Prabhuji por S.G. Mātājī Rīnā Śarmā en India.

Prabhuji deseaba confirmar su iniciación *sannyāsa* con el linaje del *vedānta advaita*. Su *sannyāsa-dīkṣā* fue confirmada por S.S. Swami Jyotirmayānanda Sarasvatī, fundador de la «Yoga Research Foundation» y discípulo de S.S. Swami Śivānanda Sarasvatī de Rishikesh.

En 1984, aprendió y comenzó a practicar la técnica de la Meditación Trascendental de Maharishi Mahesh Yogui. En 1988, realizó el curso de *kriyā-yoga* de Paramahaṁsa Yogananda. Después de dos años, fue iniciado oficialmente en la técnica de *kriyā-yoga* por la Self-Realization Fellowship.

En Vrindavan, estudió el sendero del *bhakti-yoga* en profundidad con S.S. Narahari Dāsa Bābājī Mahārāja, discípulo de S.S. Nityananda Dāsa Bābājī Mahārāja de Vraja.

También estudió el *bhakti-yoga* con varios discípulos de Su Divina Gracia A.C. Bhaktivedānta Swami Prabhupāda: S.S. Kapīndra Swami, S.S. Paramadvaiti Mahārāja, S.S. Jagajīvana Dāsa, S.S. Tamāla Kṛṣṇa Gosvāmī, S.S. Bhagavān Dāsa Mahārāja y S.S. Kīrtanānanda Swami entre otros.

Prabhuji ha sido honrado con varios títulos y diplomas por muchos líderes de prestigiosas instituciones religiosas y espirituales de la India. El honorable título de Kṛṣṇa Bhakta le fue otorgado por S.S. Swami Viṣṇu Devānanda (el único título de Bhakti Yoga otorgado por Swami Viṣṇu), discípulo de S.S. Swami Śivānanda Sarasvatī y fundador de la «Organización Sivananda».

El título de Bhaktivedānta le fue conferido por S.S. B.A. Paramadvaiti Mahārāja, fundador de «Vrinda». El título Yogācārya le fue conferido por S.S. Swami Viṣṇu Devānanda, el «Paramanand Institute of Yoga Sciences and Research of Indore, la India», la «International Yoga Federation», la «Indian Association of Yoga» y el «Shri Shankarananda Yogashram of Mysore, India». Recibió el respetable título Śrī Śrī Rādhā Śyam Sunder Pāda-Padma Bhakta Śiromaṇi directamente de S.S. Satyanārāyaṇa Dāsa Bābājī Mahant de la Chatu Vaiṣṇava Saṁpradāya.

Prabhuji dedicó más de cuarenta años al estudio del *haṭha-yoga* con prestigiosos maestros del yoga clásico y tradicional como S.S. Bapuji, S.S. Swami Viṣṇu Devānanda Sarasvatī, S.S. Swami Jyotirmayānanda Sarasvatī, S.S. Swami Satchidananda Sarasvatī, S.S. Swami Vignanananda Sarasvatī y Śrī Madana-mohana.

Llevó a cabo varios cursos sistemáticos de formación de profesores de *haṭha-yoga* en prestigiosas instituciones hasta alcanzar el grado de Maestro Ācārya en dicha disciplina. Completó sus estudios en las siguientes instituciones: Sivananda Yoga Vedanta, Ananda Ashram, Yoga Research Foundation, Integral Yoga Academy, Patanjala Yoga Kendra, Ma Yoga Shakti International Mission, Prana Yoga Organization, Rishikesh Yoga Peeth, Swami Sivananda Yoga Research Center y Swami Sivananda Yogasana Research Center.

Prabhuji es miembro de la Indian Association of Yoga, Yoga Alliance ERYT 500 y YACEP, la International Association of Yoga Therapists y la International Yoga Federation. En 2014, la International Yoga Federation le honró con la posición de Miembro Honorario del World Yoga Council.

Su interés por la compleja anatomía del cuerpo humano lo llevó a estudiar quiropráctica en el prestigioso Instituto de Salud de Espalda y Extremidades en Tel Aviv, Israel. En 1993, obtuvo el diploma de manos del Dr. Sheinerman, fundador y director del instituto. Posteriormente, obtuvo el título de masajista terapéutico en la Academia de la Galilea Occidental. Los conocimientos adquiridos en este campo agudizaron su comprensión del *haṭha-yoga* y contribuyeron a la creación de su propio método.

El «Hatha Yoga Retroprogresivo» es el fruto de los esfuerzos de Prabhuji por perfeccionar su propia práctica y sus métodos de enseñanza; se trata de un sistema basado especialmente en las enseñanzas de sus gurús y en las escrituras sagradas. Prabhuji sistematizó diferentes técnicas yóguicas tradicionales creando una metodología apta para el público occidental. El Yoga Retroprogresivo aspira a la experiencia de nuestra auténtica naturaleza, promoviendo el equilibrio, la salud y la flexibilidad a través de dieta apropiada, limpiezas, preparaciones (*āyojanas*), secuencias (*vinyāsas*), posturas (*āsanas*), ejercicios de respiración (*prāṇāyāma*), relajación (*śavāsana*), meditación (*dhyāna*), así como ejercicios con cierres energéticos (*bandhas*) y sellos (*mudras*) para dirigir y potenciar el *prāṇa*.

Desde su infancia, y a lo largo de toda su vida, Prabhuji ha sido entusiasta admirador, estudiante y practicante de karate-do clásico. Desde los 13 años, estudió en Chile estilos como el kenpo y el kung-fu, pero se especializó en el estilo japonés más tradicional del shotokan. Recibió el grado de cinturón negro (tercer dan) de Shihan Kenneth Funakoshi (noveno dan). Aprendió también de Sensei Takahashi (séptimo dan) y practicó el estilo Shorin Ryu con el Sensei Enrique Daniel Welcher (séptimo dan) quien le confirió el rango de cinturón negro (segundo dan). A través del karate-do, profundizó en el budismo y obtuvo conocimiento adicional acerca de la física del movimiento. Prabhuji es miembro de la Funakoshi's Shotokan Karate Association.

Prabhuji creció en un entorno artístico y su amor por la pintura comenzó a desarrollarse en su infancia. Su padre, el renombrado pintor chileno Yosef Har-Zion ZT"L, le motivó a dedicarse al arte. Aprendió con el famoso pintor chileno Marcelo Cuevas. Las pinturas abstractas de Prabhuji reflejan las profundidades del espíritu.

Desde su más tierna infancia, Prabhuji ha sentido una especial atracción y curiosidad por los sellos postales, las tarjetas postales, los buzones, los sistemas de transporte postal y toda la actividad relacionada con el correo. Ha aprovechado cada oportunidad para visitar oficinas de correos en diferentes ciudades y países. Se ha adentrado en el estudio de la filatelia, que es el campo del coleccionismo, la clasificación y el estudio de los sellos postales. Esta pasión le llevó a convertirse en filatelista profesional, distribuidor de sellos autorizado por la American Philatelic Society y miembro de las siguientes sociedades: Royal Philatelic Society London, Royal Philatelic Society of Victoria, United States Stamp Society, Great Britain Philatelic Society, American Philatelic Society, Society of Israel

Philatelists, Society for Hungarian Philately, National Philatelic Society UK, Fort Orange Stamp Club, American Stamp Dealers Association, US Philatelic Classics Society, Filabras – Associação dos Filatelistas Brasileiros y Collectors Club of NYC.

Basándose en sus amplios conocimientos de filatelia, teología y filosofía oriental, Prabhuji creó la «Filatelia Meditativa» o el «Yoga Filatélico», una práctica espiritual que utiliza la filatelia como soporte para la práctica de atención, concentración, observación y meditación. La Filatelia Meditativa se inspira en la antigua meditación hindú del *maṇḍala* y puede llevar al practicante a estados elevados de consciencia, a la relajación profunda y a la concentración que promueve el reconocimiento de la consciencia. Prabhuji escribió su tesis sobre este nuevo tipo de yoga, «La filatelia meditativa», atrayendo el interés de la comunidad académica de la India debido a su innovador enfoque de conectar la meditación con diferentes aficiones y actividades. Por esta tesis, fue honrado con el doctorado en Filosofía Yóguica por la Universidad Yoga Samskrutum.

Durante muchos años, Prabhuji vivió en Israel, donde amplió sus estudios de judaísmo. Uno de sus principales profesores y fuentes de inspiración fue el Rabino Shalom Dov Lifshitz ZT"L, a quien conoció en 1997. Este gran santo lo guio durante varios años en los intrincados senderos de la Torá y el Jasidismo. Ambos desarrollaron una relación muy íntima. Prabhuji estudió el Talmud con el Rabino Rafael Rapaport Shlit"a (Ponovich), Jasidismo con el Rabino Israel Lifshitz Shlit"a y la Torá con el Rabino Daniel Sandler Shlit"a.

Prabhuji es un gran devoto del Rabino Mordechai Eliyahu ZT"L, quien personalmente lo bendijo.

Prabhuji visitó EE. UU. en el año 2000 y durante su estadía en Nueva York, se percató de que era el lugar más adecuado para fundar una organización religiosa. Le atrajeron especialmente el pluralismo y la actitud respetuosa de la sociedad americana hacia la libertad de culto. Le impresionó el profundo respeto tanto del público como del gobierno hacia las minorías religiosas. Después de consultarlo con sus maestros y solicitar sus bendiciones, Prabhuji se trasladó a los Estados Unidos. En el 2003 nació la Misión Prabhuji, una iglesia hindú destinada a preservar la visión universal y pluralista del hinduismo de Prabhuji y su «Yoga Retroprogresivo».

Aunque no buscó atraer seguidores, durante 15 años (1995-2010), Prabhuji consideró las solicitudes de algunas personas que se acercaron a él pidiendo ser discípulos monásticos. Aquellos que eligieron ver a Prabhuji como a su maestro espiritual aceptaron voluntariamente votos de pobreza y dedican sus vidas a la práctica espiritual (*sadhāna*), la devoción religiosa (*bhakti*) y el servicio desinteresado (*seva*). Aunque Prabhuji ya no acepta nuevos discípulos, continúa guiando al pequeño grupo de discípulos veteranos de la Orden Monástica Ramakrishnananda que fundó.

En el 2011, Prabhuji fundó el Avadhutashram (monasterio), en Catskills Mountains, en el norte de Nueva York, EE. UU. El Avadhutashram es la sede central de la Misión Prabhuji, su ermita y la residencia de los discípulos monásticos de la Orden Monástica Ramakrishnananda. El *āśram* organiza proyectos humanitarios como el «Programa Prabhuji de Distribución de Alimentos» y el «Programa Prabhuji de Distribución de Juguetes». Prabhuji opera diferentes proyectos humanitarios inspirado en su experiencia de que servir la parte es servir al Todo.

En enero de 2012, la salud de Prabhuji lo obligó a renunciar oficialmente a dirigir la misión. Desde entonces, ha vivido en soledad, completamente alejado del público, escribiendo y absorto en contemplación. Su mensaje no promueve la espiritualidad colectiva, sino la búsqueda interior individual.

Prabhuji ha delegado a sus discípulos la elección entre mantener sus enseñanzas exclusivamente dentro de la orden monástica o difundir su mensaje para el beneficio público. Ante la petición explícita de sus discípulos, Prabhuji ha accedido a que se publiquen sus libros y se difundan sus conferencias, siempre que ello no comprometa su privacidad y su vida eremítica.

En 2022, Prabhuji fundó el Instituto de Yoga Retroprogresivo en el cual sus discípulos más antiguos pueden compartir sistemáticamente las enseñanzas y el mensaje de Prabhuji a través de video conferencias. El instituto ofrece apoyo y ayuda para una comprensión más profunda de las enseñanzas de Prabhuji.

Prabhuji es un respetado miembro de la American Philosophical Association, la American Association of Philosophy Teachers, la American Association of University Professors, la Southwestern Philosophical Society, la Authors Guild, la National Writers Union, PEN America, la International Writers Association, la National Association of Independent Writers and Editors, la National Writers Association, la Alliance Independent Authors y la Independent Book Publishers Association.

La vasta contribución literaria de Prabhuji incluye libros en español, inglés y hebreo como por ejemplo *Kuṇḍalinī-yoga: el poder está en ti*, *Lo que es, tal como es*, *Bhakti yoga: el sendero del amor*, *Tantra: liberación en el mundo*, *Experimentando con la Verdad*, *Advaita Vedānta: ser el Ser*, comentarios sobre el *Īśāvāsya Upaniṣad* y el *Sūtra del Diamante*.

Sobre la Misión Prabhuji

Prabhuji, S.S. Avadhūta Śrī Bhaktivedānta Yogācārya Ramakrishnananda Bābājī Mahārāja, fundó la Misión Prabhuji en el 2003, una iglesia hindú destinada a preservar su visión universal y pluralista del hinduismo.

El propósito principal de la misión es preservar las enseñanzas de Prabhuji sobre Pūrvavyāpi-pragatiśīlaḥ Yoga, o el Yoga Retroprogresivo, el cual propugna el despertar global de la consciencia como la solución radical a los problemas de la humanidad.

La Misión Prabhuji opera un templo hindú llamado Śrī Śrī Radha-Śyāmasundara Mandir, el cual ofrece adoración y ceremonias religiosas a los feligreses. La extensa biblioteca del Instituto de Yoga Retroprogresivo proporciona a sus profesores abundante material de estudio para investigar las diversas teologías y filosofías exploradas por Prabhuji en sus libros y conferencias. El monasterio Avadhutashram educa a los discípulos monásticos en diversos aspectos del enfoque de Prabhuji sobre el hinduismo y les ofrece la oportunidad de expresar devoción a Dios en forma de servicio devocional, contribuyendo desinteresadamente con sus habilidades y formación a los programas de la Misión, como el Programa de Distribución de Alimentos Prabhuji, entre otros.

El servicio y la glorificación del gurú son principios espirituales fundamentales en el hinduismo. La Misión Prabhuji, siendo una iglesia hindú tradicional, practica la milenaria tradición de *guru-bhakti* de reverencia al maestro. Algunos discípulos y amigos de la Misión Prabhuji, por iniciativa propia, contribuyen a preservar el legado de Prabhuji y sus enseñanzas interreligiosas para las generaciones futuras mediante la difusión de sus libros, videos de sus charlas internas y sitios web.

Sobre el Avadhutashram

El Avadhutashram (monasterio) fue fundado por Prabhuji en el año 2011, en Catskills Mountains, en el norte de Nueva York, EE. UU. Es la sede central de la Misión Prabhuji y la ermita de S.S. Avadhūta Śrī Bhaktivedānta Yogācārya Ramakrishnananda Bābājī Mahārāja y sus discípulos monásticos de la Orden Monástica Ramakrishnananda.

Los ideales del Avadhutashram son el amor y el servicio desinteresado, basados en la visión universal de que Dios está en todo y en todos. Su misión es distribuir libros espirituales y organizar proyectos humanitarios como el Programa Prabhuji de Distribución de Alimentos y el Programa Prabhuji de Distribución de Juguetes.

El Avadhutashram no es comercial y funciona sin solicitar donaciones. Sus actividades están financiadas por Prabhuji's Gifts, una empresa sin ánimo de lucro fundada por Prabhuji, que vende productos esotéricos de diferentes tradiciones que Prabhuji mismo ha utilizado en prácticas espirituales durante su proceso evolutivo con el propósito de preservar y difundir la artesanía tradicional religiosa, mística y ancestral.

Avadhutashram
Round Top, Nueva York, EE. UU.

El Sendero Retroprogresivo

El Sendero Retroprogresivo no requiere que formes parte de un grupo o seas miembro de una organización, institución, sociedad, congregación, club o comunidad exclusiva. Vivir en un templo, monasterio o *āśram* no es un requisito, porque no se trata de un cambio de residencia sino de consciencia. No te insta a creer, sino a dudar. No requiere que aceptes algo, sino que explores, investigues, examines, indagues y cuestiones todo. No propone ser como deberías ser, sino como eres realmente.

El Sendero Retroprogresivo apoya la libertad de expresión pero no el proselitismo. Esta ruta no promete respuestas a nuestras preguntas, pero nos induce a cuestionar nuestras respuestas. No nos promete ser lo que no somos ni lograr lo que no hemos alcanzado ya. Es un sendero retroevolutivo de autodescubrimiento que conduce desde lo que creemos ser a lo que somos en verdad. No es el único camino, ni el mejor, ni el más sencillo, ni el más directo, sino que es un proceso involutivo por excelencia que señala lo que es obvio e innegable pero que generalmente pasa desapercibido: lo sencillo, inocente y natural. Es un camino que comienza y termina en ti.

El Sendero Retroprogresivo es una revelación continua que se amplía eternamente. Profundiza en la consciencia desde una perspectiva ontológica, transcendiendo toda religión y sendero espiritual. Es el descubrimiento de la diversidad como realidad única e inclusiva. Se trata del encuentro de la consciencia consigo misma, consciente de sí misma y de su propia realidad. En realidad, este sendero es una simple invitación a danzar en el ahora, a amar el momento presente y a celebrar nuestra autenticidad. Es una propuesta incondicional a dejar de vivir como víctimas de las circunstancias para hacerlo como apasionados aventureros. Es una llamada a volver al lugar que nunca hemos abandonado, sin ofrecernos nada que no poseamos, ni enseñarnos nada que no sepamos ya. Es un llamado a una revolución interna y a entrar en el fuego de la vida que solo consume sueños, ilusiones y fantasías, pero no toca lo que somos. No nos ayuda a alcanzar nuestro objetivo deseado, sino que nos prepara para el milagro inesperado.

Esta vía fue nutrida durante una vida dedicada a buscar la Verdad. Consiste en una agradecida ofrenda a la existencia por lo recibido. Pero recuerda, no me busques a mí, sino que búscate a ti. No es a mí a quien necesitas, porque eres tú lo único que realmente importa. Esta vida es solo un maravilloso paréntesis en la eternidad para conocer y amar. Lo que anhelas yace en ti, aquí y ahora, como lo que realmente eres.

Tu bienqueriente incondicional,
Prabhuji

Prabhuji hoy

Prabhuji está retirado de la vida pública

Prabhuji es el único discípulo de S.D.G. Avadhūta Śrī Brahmānanda Bābājī Mahārāja, quien es a su vez uno de los más cercanos e íntimos discípulos de S.D.G. Avadhūta Śrī Mastarāma Bābājī Mahārāja.

Prabhuji fue designado como sucesor del linaje por su maestro, quien le confirió la responsabilidad de continuar el sagrado *paramparā* de *avadhūtas*, designándolo oficialmente como gurú y ordenándole servir como sucesor Ācārya con el nombre S.S. Avadhūta Śrī Bhaktivedānta Yogācārya Ramakrishnananda Bābājī Mahārāja.

Prabhuji es también discípulo de S.D.G. Bhakti-kavi Atulānanda Ācārya Mahārāja, quien es discípulo directo de S.D.G. A.C. Bhaktivedānta Swami Prabhupāda.

En el año 2011, decidió retirarse de la sociedad y adoptar una vida eremítica. Desde entonces, sus días transcurren en soledad, orando, escribiendo, pintando y meditando en silencio y contemplación. Ya no participa en *sat-saṅgs*, conferencias, encuentros, reuniones, retiros, seminarios, grupos de estudio o cursos. Les rogamos a todos respetar su privacidad y no tratar de contactarse con él por ningún medio para pedir encuentros, audiencias, entrevistas, bendiciones, *śaktipāta*, iniciaciones o visitas personales.

Las enseñanzas de Prabhuji

Como *avadhūta* y maestro realizado, Prabhuji siempre ha apreciado la esencia y la sabiduría de una gran variedad de prácticas religiosas del mundo. No se considera miembro o representante de ninguna religión en particular. Aunque muchos lo ven como un ser iluminado, Prabhuji no tiene la intención de presentarse como predicador, guía, *coach*, creador de contenido, persona influyente, preceptor, mentor, consejero, asesor, monitor, tutor, orientador, profesor, instructor, educador, iluminador, pedagogo, evangelista, rabino, *posek halajá*, sanador, terapeuta, satsanguista, apuntador, psíquico, líder, médium, salvador o gurú. De hecho, según Prabhuji la búsqueda del Ser es individual, solitaria, personal, privada e íntima. No se trata de un esfuerzo colectivo que debe emprenderse a través de la religiosidad social, organizada, institucional o comunitaria.

Por ello, Prabhuji no hace proselitismo ni predica ni intenta persuadir, convencer o hacer que nadie cambie su perspectiva, filosofía o religión. Otros pueden considerar sus reflexiones valiosas y aplicarlas total o parcialmente en su propio desarrollo, pero las enseñanzas de Prabhuji no deben interpretarse como un consejo personal, asesoramiento, guía, métodos de autoayuda o técnicas para el desarrollo espiritual, físico, emocional o psicológico. Las enseñanzas propuestas no aspiran a ser soluciones a los problemas espirituales, materiales, económicos, psicológicos, emocionales, románticos, familiares, sociales o corporales de la vida. Prabhuji no ofrece milagros, experiencias místicas, viajes astrales, sanaciones, conectarse con espíritus, poderes sobrenaturales o salvación espiritual.

Aunque el énfasis de Prabhuji no ha sido atraer seguidores, durante 15 años (1995-2010), consideró las solicitudes de algunas personas que se acercaron a él pidiendo ser discípulos monásticos. Aquellos que eligieron ver a Prabhuji como su maestro espiritual aceptaron voluntariamente votos de pobreza y dedican sus vidas a la práctica espiritual (*sādhanā*), la devoción religiosa (*bhakti*) y el servicio desinteresado (*seva*). Prabhuji ya no acepta nuevos discípulos, pero continúa guiando al pequeño grupo de discípulos veteranos de la Orden Monástica Ramakrishnananda que fundó.

Servicios públicos

A pesar de que el monasterio no acepta nuevos residentes, voluntarios, donaciones, colaboraciones o patrocinios, el público está invitado a participar en los servicios religiosos diarios y los festivales devocionales del templo Śrī Śrī Radha-Śyāmasundara.

Libros por Prabhuji

What is, as it is: Satsangs with Prabhuji (English)
ISBN-13: 978-1-945894-26-8
Lo que es, tal como es: Satsangas con Prabhuji (Spanish)
ISBN-13: 978-1-945894-27-5
Russian: ISBN-13: 978-1-945894-18-3

Kundalini yoga: The power is in you (English)
ISBN-13: 978-1-945894-30-5
Kundalini yoga: El poder está en ti (Spanish)
ISBN-13: 978-1-945894-31-2

Bhakti yoga: The path of love (English)
ISBN-13: 978-1-945894-28-2
Bhakti-yoga: El sendero del amor (Spanish)
ISBN-13: 978-1-945894-29-9

Experimenting with the Truth (English)
ISBN-13: 978-1-945894-32-9
Experimentando con la Verdad (Spanish)
ISBN-13: 978-1-945894-33-6

Tantra: Liberation in the world (English)
ISBN-13: 978-1-945894-36-7
Tantra: La liberación en el mundo (Spanish)
ISBN-13: 978-1-945894-37-4

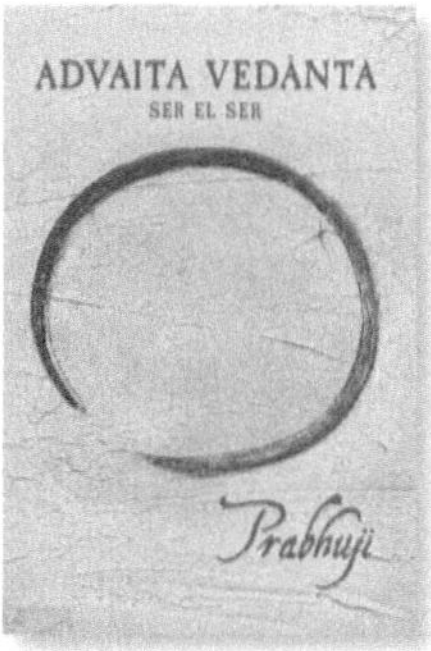

Advaita Vedanta: Being the Self (English)
ISBN-13: 978-1-945894-34-3
Advaita Vedanta: Ser el Ser (Spanish)
ISBN-13: 978-1-945894-35-0

Īśāvāsya Upanishad
commented by Prabhuji
(English)
ISBN-13: 978-1-945894-38-1
Īśāvāsya Upaniṣad
comentado por Prabhuji
(Spanish)
ISBN-13: 978-1-945894-40-4

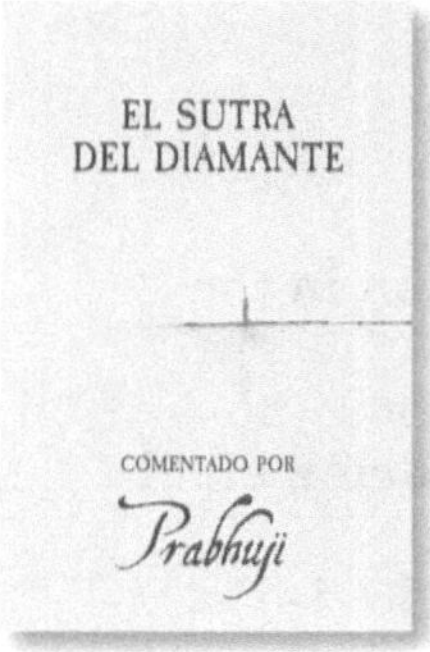

The Diamond Sūtra
commented by Prabhuji
(English)
ISBN-13: 978-1-945894-51-0
El Sūtra del Diamante
comentado con Prabhuji
(Spanish)
ISBN-13: 978-1-945894-54-1

I am that I am
(English)
ISBN-13: 978-1-945894-45-9
Soy el que soy
(Spanish)
ISBN-13: 978-1-945894-48-0

www.ingramcontent.com/pod-product-compliance
Lightning Source LLC
Chambersburg PA
CBHW021145080526
44588CB00008B/227
9781945894091